Matemática para Ensino Fundamental

Caderno de Atividades
4º ano

Organizadoras: Débora Cristina de Assis Godoy
Márcia Maria de Jesus Alonso

Coordenação: Álvaro Zimmermann Aranha

4ª Edição

Editora Policarpo

Nome: ______________________

Turma: ______________ Nº : ______________

São Paulo
2022

Digitação, Diagramação : Sueli Cardoso dos Santos - suly.santos@gmail.com
Elizabeth Miranda da Silva - elizabeth.ms2015@gmail.com

contato@editorapolicarpo.com.br

Capa: Lisie De Luca - lisiedelucca@gmail.com - www.flickr.com/lisiedeluca

Dados Internacionais de Catalogação, na Publicação (CIP)

(Câmara Brasileira do Livro, SP, Brasil)

Coordenação do projeto: Aranha, Álvaro Zimmermann.

Organizadoras: Godoy, Débora Cristina de Assis. Alonso, Márcia Maria de Jesus.

Matemática / Débora Cristina de Assis Godoy, Márcia Maria de Jesus Alonso.
- São Paulo: Editora Policarpo, **4ª Edição - 2022**
ISBN: 978-65-88667-10-1
1. Matemática 2. Ensino fundamental

I. Aranha, Álvaro Zimmermann II. Godoy, Débora Cristina de Assis

III. Alonso, Márcia Maria de Jesus

IV. Matemática para Ensino Fundamental 4º ano – Caderno de Atividades.

Índices para catálogo sistemático

site: http://editorapolicarpo.com.br

EDITORA POLICARPO LTDA

Loja pavimento térreo do Edifício Maria Antonieta

Rua: Dr. Rafael de Barros, 252

São Paulo – SP – CEP: 04003 – 041

Tels.: (11) 3284 – 8916 / (11) 4306 – 4903

e – mail: contato@editorapolicarpo.com.br

APRESENTAÇÃO

Você já percebeu como a Matemática está presente em seu dia a ia? Ela tem um papel importante na sua vida!

Preparamos este Caderno de Atividades para ajudá-lo(a) a sistema-zar alguns conceitos e desenvolver seu raciocínio matemático.

Neste material, você encontrará alguns cálculos para resolver ıentalmente e outros para resolver utilizando diversas estratégias, lém de situações-problema e diversas outras propostas. As atividades oderão ser feitas em sala de aula ou em casa, de acordo com as rientações de seu professor.

Nas páginas finais, você encontrará as respostas de cada um dos xercícios indicados. Esperamos que você as utilize após tê-los resol-ido, isso o(a) ajudará a ganhar autonomia.

Desejamos que aprecie as propostas e aprenda muito com elas!

Índice

ADIÇÃO E SUBTRAÇÃO

1 Complete as lacunas:

a) 7 + ______ = 10
17 + ______ = 20

b) 5 + ______ = 10
15 + ______ = 20

c) 8 + ______ = 10
18 + ______ = 20

d) 3 + ______ = 10
3 + ______ = 11
3 + ______ = 12
3 + ______ = 13

e) 6 + ______ = 10
6 + ______ = 12
6 + ______ = 13
6 + ______ = 14

f) 4 + ______ = 10
4 + ______ = 11
4 + ______ = 12
4 + ______ = 13

---

2 Qual é a diferença?

a) ______ = 13 – 5
______ = 12 – 3
______ = 14 – 6

b) ______ = 11 – 4
______ = 13 – 4
______ = 12 – 5

c) ______ = 14 – 5
______ = 16 – 5
______ = 12 – 4

d) ______ = 13 – 7
______ = 12 – 9
______ = 11 – 8

e) ______ = 14 – 8
______ = 15 – 7
______ = 16 – 9

f) ______ = 13 – 9
______ = 16 – 8
______ = 11 – 7

A TABUADA DO 7

3 Complete a tabuada do 7.

a) $1 \times 7 =$ ________

b) $2 \times 7 =$ ________

c) $3 \times 7 =$ ________

d) $4 \times 7 =$ ________

e) $5 \times 7 =$ ________

f) $6 \times 7 =$ ________

g) $7 \times 7 =$ ________

h) $8 \times 7 =$ ________

i) $9 \times 7 =$ ________

j) $10 \times 7 =$ ________

5 × 7 deve ser lido "cinco vezes sete", e é a forma simplificada para escrever a adição **7 + 7 + 7 + 7 + 7**; o resultado dessa adição de cinco parcelas iguais a 7 é ______.

4 Agora, é com você! Volte à tabuada do 7 para responder a estas perguntas:

a) Quantos dias têm 3 semanas? ________________

b) Sou um número ímpar, maior que 50, e sou um resultado da tabuada do 7. Que número sou eu? ________________

c) Um corredor percorre 7 metros em 1 segundo. Quantos metros ele percorrerá em um minuto? ________________

PARADA PARA CALCULAR

5 Escreva o antecessor e o sucessor:

a)
	409	

b)
	399	

c)
	879	

d)
	999	

e)
	704	

f)
	497	

g)
	697	

h)
	540	

i)
	746	

6 Observe e continue cada sequência:

a)
474	476	478							

b)
604	603	602							

c)
				770	780	790			

d)
				850	900	950			

7 Escreva:

a) O maior número de 3 algarismos terminado em cinco: ______________

b) O menor número de 3 algarismos terminado em cinco: ______________

c) O maior número de 3 algarismos terminado em zero: ______________

d) O maior número de 3 algarismos terminado em dois zeros: ______________

e) O menor número de 3 algarismos: ______________

8 Eu pensei em um número de três algarismos.

a) Ele está entre 700 e 800.

b) Ele termina em zero.

c) A soma dos algarismos é 12.

d) Qual é esse número ?______________

A TABUADA DO 8 E DO 9

9 Complete a tabuada do 8 e do 9.

a) $1 \times 8 =$ ______
$2 \times 8 =$ ______
$3 \times 8 =$ ______
$4 \times 8 =$ ______
$5 \times 8 =$ ______
$6 \times 8 =$ ______
$7 \times 8 =$ ______
$8 \times 8 =$ ______
$9 \times 8 =$ ______
$10 \times 8 =$ ______

b) $1 \times 9 =$ ______
$2 \times 9 =$ ______
$3 \times 9 =$ ______
$4 \times 9 =$ ______
$5 \times 9 =$ ______
$6 \times 9 =$ ______
$7 \times 9 =$ ______
$8 \times 9 =$ ______
$9 \times 9 =$ ______
$10 \times 9 =$ ______

10 Agora, pense nas tabuadas do 8 e do 9 para responder às perguntas:

a) Sou um número terminado em 2, maior que 60, e sou resultado das tabuadas do 8 e do 9. Que número sou eu? ______.

b) Tenho nove caixas com 9 bolinhas de gude em cada uma. Quantas bolinhas de gude eu tenho? ______.

c) Sou um número terminado em 4, de dois algarismos e maior que 60. Que número sou eu? ______.

d) Corro 8 quilômetros por dia. Quantos quilômetros eu correrei após 9 dias?
______.

Problemas com arredondamento de números inteiros | Matematica | Khan Academy
https://www.youtube.com/watch?v=cFTCFrwB_1g
Regra de arredondamento:
https://www.youtube.com/watch?v=hGOSzEoqTHA

11 Observe o modelo e faça os cálculos.

$$35 \times 10 = 350$$

a) 27 × 10 = ______ b) 73 × 10 = ______ c) 71 × 10 = ______

d) 43 × 10 = ______ e) 61 × 10 = ______ f) 65 × 10 = ______

g) 67 × 10 = ______ h) 88 × 10 = ______ i) 39 × 10 = ______

12 Observe o modelo e faça os cálculos.

$$162 \times 100 = 16\,200$$

a) 36 × 100 = ______ b) 253 × 100 = ______ c) 3 543 × 100 = ______

d) 48 × 100 = ______ e) 482 × 100 = ______ f) 1 661 × 100 = ______

g) 98 × 100 = ______ h) 1 473 × 100 = ______ i) 2 452 × 100 = ______

13 Arredonde os números para a **centena** mais próxima, para obter um cálculo aproximado. Veja o modelo:

406 + 395

↓ ↓

400 + 400 = 800

a) 477 + 307 → ______ b) 1 399 + 203 → ______

c) 382 + 184 → ______ d) 3 401 + 98 → ______

e) 678 + 104 → ______ f) 4 602 + 281 → ______

g) 267 + 432 → ______ h) 2 187 + 389 → ______

i) 512 + 354 → ______ j) 3 012 + 3 766 → ______

14 Arredonde os números para o **milhar** mais próximo, para obter um cálculo aproximado. Veja o modelo:

1 201 + 4 798
↓ ↓
1 000 + 5 000 = 6 000

a) 4 789 – 2 013 → ____________
b) 7 086 + 4 020 → ____________
c) 6 105 – 3 998 → ____________
d) 8 987 + 6 009 → ____________
e) 6 787 – 3 775 → ____________
f) 11 052 + 2 986 → ____________
g) 7 050 – 890 → ____________
h) 4 989 + 1 013 → ____________
i) 3 107 – 1 875 → ____________
j) 6 311 + 1 008 → ____________

15 Entre que centenas estão os números? Observe o modelo:

a) 890 → entre **800** e **900**

b) 440 → entre ____________ e ____________

c) 663 → entre ____________ e ____________

d) 889 → entre ____________ e ____________

e) 145 → entre ____________ e ____________

f) 767 → entre ____________ e ____________

16 Entre que milhares estão os números? Observe o modelo:

4 230 → entre **4 000** e **5 000**

a) 8 224 → entre ____________ e ____________

b) 64 003 → entre ____________ e ____________

c) 48 578 → entre ____________ e ____________

d) 11 999 → entre ____________ e ____________

e) 47 001 → entre ____________ e ____________

17 Escolha a frase correta, que faz a aproximação aos milhares do número indicado. Marque-as com um **X**.

a) Hoje, 15 867 espectadores assistiram ao jogo de futebol.

( ) Assistiram ao jogo, aproximadamente 15 000 espectadores.

( ) Assistiram ao jogo, aproximadamente 16 000 espectadores.

b) A campanha do agasalho da escola de Malu, arrecadou este ano, 22 173 peças de roupas.

( ) A escola arrecadou 23 000 peças de roupas.

( ) A escola arrecadou 22 000 peças de roupas.

c) Uma fábrica de canetas, produz mensalmente, 75 900 unidades.

( ) A fábrica produz 76 000 canetas.

( ) A fábrica produz 75 000 canetas.

d) Uma empresa de papel plantou 41 175 mudas de eucaliptos de reflorestamento.

( ) A empresa plantou 41 000 mudas.

( ) A empresa plantou 42 000 mudas.

18 Complete a tabela:

Número	Milhar mais próximo	Centena mais próxima	Dezena mais próxima
6 571	7 000		
9 913			
17 892			17 890
41 742	42 000		
88 763			

19 Faça as subtrações seguindo as estratégias abaixo:

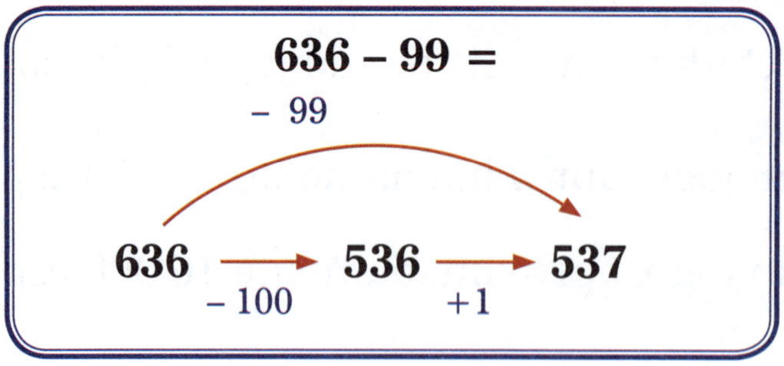

a) 471 – 99 = ________ b) 645 – 99 = ________ c) 718 – 99 = ________

d) 814 – 99 = ________ e) 516 – 99 = ________ f) 182 – 99 = ________

g) 739 – 99 = ________ h) 837 – 99 = ________ i) 386 – 99 = ________

20 Faça as subtrações seguindo as estratégias abaixo:

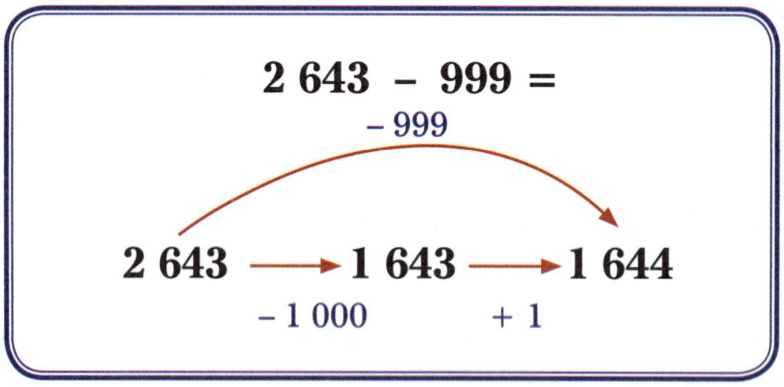

a) 5 400 – 999 = ________ b) 7 103 – 999 = ________ c) 8 102 – 999 = ________

d) 3 981 – 999 = ________ e) 5 503 – 999 = ________ f) 22 400 – 999 = ________

g) 9 528 – 999 = ________ h) 12 500 – 999 =________ i) 36 500 – 999 = ________

21 Faça as subtrações seguindo as estratégias abaixo:

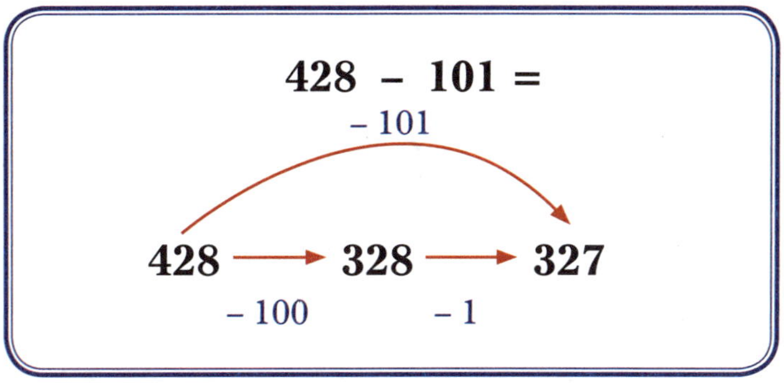

a) 815 – 101 = ________ b) 176 – 101 = ________ c) 428 – 101 = ________

d) 352 – 101 = ________ e) 691 – 101 = ________ f) 523 – 101 = ________

g) 257 – 101 = ________ h) 746 – 101 = ________ i) 981 – 101 = ________

---

22 Faça arredondamentos e assinale o valor **mais próximo** ao resultado real.

a) João tinha R$ 645,00 e gastou R$ 298,00. Ele ficou com:

( ) R$ 350,00 ( ) R$ 300,00 ( ) R$ 950,00

b) Um acampamento tem 3 043 participantes . Os meninos são 1 795. O número de meninas é aproximadamente:

( ) 2 800 meninas ( ) 100 meninas ( ) 1 200 meninas

c) Uma fábrica já produziu 5 988 peças. Para atingir 10 000 peças, ainda deverão ser produzidas aproximadamente:

( ) 400 peças ( ) 4 000 peças ( ) 5 000 peças

23 Calcule mentalmente e assinale a alternativa mais próxima do resultado:

a) Uma família produz brigadeiros para festas. Na segunda-feira, produziram 99, na terça-feira 158 e na quarta-feira 510. Qual o resultado aproximado ao final desses 3 dias?

☐ 1 000 ☐ 800 ☐ 700

b) Pedro trabalha quatro vezes por semana, cerca de 5 horas por dia. Quantas horas ele trabalha por mês, aproximadamente?

☐ 60 ☐ 70 ☐ 80

c) Marque com um X as operações que terão resultados maiores que 1 000:

☐ 225 + 625 ☐ 652 + 401

☐ 610 + 396 ☐ 174 + 952

☐ 600 + 805 ☐ 297 + 700

CALCULANDO “DE CABEÇA”

Quando é possível formar dezenas exatas, fica fácil!

Veja:

32 + 8 = 40 e 40 + 17 = 57

24 Agora é com você. Procure agrupar os números que formam dezenas exatas, calcule mentalmente e escreva os resultados:

a) 7 + 12 + 3 = ________

b) 16 + 4 + 7 = ________

c) 6 + 4 + 19 = ________

d) 11 + 6 + 9 = ________

e) 22 + 9 + 8 = ________

f) 25 + 8 + 5 = ________

g) 15 + 5 + 4 = ________

h) 53 + 4 + 7 = ________

25 Continue o mesmo processo, agora com centena:

a) 80 + 9 + 20 = ________

b) 50 + 63 + 50 = ________

c) 60 + 18 + 40 = ________

d) 10 + 90 + 24 = ________

e) 30 + 42 + 70 = ________

f) 25 + 17 + 75 = ________

DIVISÃO

26 Calcule o resultado de cada divisão. Use a tabuada do **dois** para ajudá-lo.

18 ÷ 2 = ______

Como a tabuada do 2 pode me ajudar nesta divisão?

18 ÷ 2 ➔ 2 × ______ = 18

a) 20 ÷ 2 = ______

b) 40 ÷ 2 = ______

c) 10 ÷ 2 = ______

d) 12 ÷ 2 = ______

e) 16 ÷ 2 = ______

f) 4 ÷ 2 = ______

g) 8 ÷ 2 = ______

h) 14 ÷ 2 = ______

i) 6 ÷ 2 = ______

j) 2 ÷ 2 = ______

---

27 Calcule o resultado de cada divisão. Use a tabuada do **três** para ajudá-lo.

a) 3 ÷ 3 = ______

b) 9 ÷ 3 = ______

c) 27 ÷ 3 = ______

d) 18 ÷ 3 = ______

e) 6 ÷ 3 = ______

f) 12 ÷ 3 = ______

g) 24 ÷ 3 = ______

h) 30 ÷ 3 = ______

i) 21 ÷ 3 = ______

j) 15 ÷ 3 = ______

PARADA PARA CALCULAR

28 Escreva o antecessor e o sucessor:

a)

	201	

b)

	460	

c)

	709	

d)

	478	

e)

	300	

f)

	900	

29 Escreva os resultados das adições:

a) 200 + 400 = ______ b) 500 + 200 = ______ c) 400 + 600 = ______

d) 500 + 100 = ______ e) 300 + 300 = ______ f) 700 + 300 = ______

g) 700 + 200 = ______ h) 600 + 100 = ______ i) 200 + 600 = ______

j) 300 + 400 = ______ k) 100 + 400 = ______ l) 300 + 500 = ______

30 Complete as diferenças:

a) 600 – 200 = ______ b) 800 – 300 = ______ c) 1 000 – 400 = ______

d) 600 – 300 = ______ e) 800 – 100 = ______ f) 1 000 – 200 = ______

g) 600 – 100 = ______ h) 800 – 50 = ______ i) 1 000 – 500 = ______

j) 600 – 400 = ______ k) 800 – 800 = ______ l) 1 000 – 700 = ______

31 Encontre os números em cada cálculo para obter sempre o mesmo resultado: **100**.

a) $50 + \_\_\_\_\_ = 100$

b) $40 + 10 + \_\_\_\_\_ = 100$

c) $3 \times 20 + \_\_\_\_\_ = 100$

d) $110 - \_\_\_\_\_ + 40 = 100$

e) $\_\_\_\_\_ \times 20 = 100$

f) $200 - \_\_\_\_\_ = 100$

MULTIPLICAÇÃO E ESCRITA POR EXTENSO

32 Calcule as tabuadas e escreva os resultados por extenso.

	Multiplicação	Resultado	Escrita por extenso
a)	$3 \times 5 =$		
b)	$6 \times 3 =$		
c)	$9 \times 5 =$		
d)	$3 \times 4 =$		
e)	$4 \times 4 =$		
f)	$6 \times 8 =$		
g)	$10 \times 10 =$		
h)	$6 \times 6 =$		
i)	$8 \times 5 =$		
j)	$9 \times 6 =$		
k)	$10 \times 1 =$		
l)	$7 \times 2 =$		
m)	$9 \times 3 =$		
n)	$8 \times 0 =$		

DIVISÃO

33 Calcule o resultado de cada divisão. Use a tabuada do **quatro** para ajudá-lo.

a) $16 \div 4 =$ ______ b) $20 \div 4 =$ ______

c) $4 \div 4 =$ ______ d) $12 \div 4 =$ ______

e) $40 \div 4 =$ ______ f) $24 \div 4 =$ ______

g) $28 \div 4 =$ ______ h) $36 \div 4 =$ ______

i) $8 \div 4 =$ ______ j) $32 \div 4 =$ ______

34 Calcule o resultado de cada divisão. Use a tabuada do **cinco** para ajudá-lo.

a) $5 \div 5 =$ ______ b) $25 \div 5 =$ ______

c) $50 \div 5 =$ ______ d) $35 \div 5 =$ ______

e) $30 \div 5 =$ ______ f) $10 \div 5 =$ ______

g) $45 \div 5 =$ ______ h) $20 \div 5 =$ ______

i) $15 \div 5 =$ ______ j) $40 \div 5 =$ ______

MULTIPLICAÇÃO - TABUADA

35 Calcule o resultado:

a) $2 \times 3 =$ ☐ b) $5 \times 2 =$ ☐ c) $6 \times 3 =$ ☐

d) $8 \times 4 =$ ☐ e) $5 \times 0 =$ ☐ f) $6 \times 7 =$ ☐

g) $7 \times 2 =$ ☐ h) $8 \times 6 =$ ☐ i) $9 \times 2 =$ ☐

j) $1 \times 9 =$ ☐ k) $5 \times 5 =$ ☐ l) $6 \times 4 =$ ☐

m) $9 \times 3 =$ ☐ n) $8 \times 2 =$ ☐ o) $7 \times 3 =$ ☐

p) $4 \times 8 =$ ☐ q) $9 \times 10 =$ ☐ r) $5 \times 7 =$ ☐

s) $6 \times 6 =$ ☐ t) $4 \times 4 =$ ☐ u) $9 \times 6 =$ ☐

v) $1 \times 1 =$ ☐ w) $3 \times 5 =$ ☐ x) $6 \times 8 =$ ☐

y) $3 \times 6 =$ ☐ z) $5 \times 9 =$ ☐

QUOCIENTE E RESTO DE DIVISÕES

36 Resolva as divisões registrando o resto.

a) $7 \div 2 =$ ______ resto: ______

b) $19 \div 2 =$ ______ resto: ______

c) $16 \div 3 =$ ______ resto: ______

d) $8 \div 4 =$ ______ resto: ______

e) $19 \div 4 =$ ______ resto: ______

f) $34 \div 4 =$ ______ resto: ______

g) $22 \div 3 =$ ______ resto: ______

h) $39 \div 4 =$ ______ resto: ______

i) $15 \div 2 =$ ______ resto: ______

j) $26 \div 3 =$ ______ resto: ______

k) $13 \div 2 =$ ______ resto: ______

l) $9 \div 4 =$ ______ resto: ______

m) $5 \div 2 =$ ______ resto: ______

n) $5 \div 4 =$ ______ resto: ______

o) $33 \div 4 =$ ______ resto: ______

p) $29 \div 4 =$ ______ resto: ______

q) $11 \div 4 =$ ______ resto: ______

r) $7 \div 4 =$ ______ resto: ______

s) $8 \div 3 =$ ______ resto: ______

t) $11 \div 3 =$ ______ resto: ______

u) $37 \div 4 =$ ______ resto: ______

v) $4 \div 3 =$ ______ resto: ______

w) $29 \div 3 =$ ______ resto: ______

x) $17 \div 3 =$ ______ resto: ______

y) $5 \div 3 =$ ______ resto: ______

z) $10 \div 3 =$ ______ resto: ______

DIVISÃO

37 Calcule o resultado de cada divisão. Use a tabuada do **seis** para ajudá-lo.

a) $54 \div 6 =$ ______

b) $42 \div 6 =$ ______

c) $12 \div 6 =$ ______

d) $18 \div 6 =$ ______

e) $24 \div 6 =$ ______

f) $36 \div 6 =$ ______

g) $6 \div 6 =$ ______

h) $48 \div 6 =$ ______

i) $30 \div 6 =$ ______

j) $60 \div 6 =$ ______

38 Calcule o resultado de cada divisão. Use a tabuada do **sete** para ajudá-lo.

a) $7 \div 7 =$ ______

b) $49 \div 7 =$ ______

c) $21 \div 7 =$ ______

d) $70 \div 7 =$ ______

e) $63 \div 7 =$ ______

f) $14 \div 7 =$ ______

g) $35 \div 7 =$ ______

h) $56 \div 7 =$ ______

i) $42 \div 7 =$ ______

j) $28 \div 7 =$ ______

ADIÇÃO E SUBTRAÇÃO

39 Complete:

a) $76 = 70 +$ ☐

b) $25 = 20 +$ ☐

c) $83 = 80 +$ ☐

d) $43 = 40 +$ ☐

e) $64 = 60 +$ ☐

f) $34 = 30 +$ ☐

g) $52 = 50 +$ ☐

h) $99 = 90 +$ ☐

i) $68 = 60 +$ ☐

40 Calcule:

a)

10 – 8 =	
100 – 80 =	
1 000 – 800 =	

b)

21 – 20 =	
210 – 200 =	
2 100 – 2 000 =	

c)

9 – 8 =	
90 – 80 =	
900 – 800 =	

d)

20 – 19 =	
200 – 190 =	
2 000 – 1 900 =	

e)

15 – 14 =	
150 – 140 =	
1 500 – 1 400 =	

f)

25 – 20 =	
250 – 200 =	
2 500 – 2 000 =	

g) 1 250 – 250 = ______________

h) 1 500 – 500 = ______________

i) 3 800 – 2 800 = ______________

j) 15 000 – 5 000 = ______________

k) 8 500 – 7 500 = ______________

l) 150 – 50 = ______________

m) 10 000 – 9 000 = ______________

n) 15 – 5 = ______________

DIVISÃO E MULTIPLICAÇÃO

41 Calcule o resultado de cada divisão pensando na multiplicação.

a) $40 \div 8 =$ ___5___, pois ___5___ $\times 8 = 40$

b) $28 \div 7 =$ ________, pois ________ $\times 7 = 28$

c) $60 \div 10 =$ ________, pois ________ $\times 10 = 60$

d) $49 \div 7 =$ ________, pois ________ $\times 7 = 49$

e) $64 \div 8 =$ ________, pois ________ $\times 8 = 64$

f) $18 \div 6 =$ ________, pois ________ $\times 6 = 18$

g) $32 \div 4 =$ ________, pois ________ $\times 4 = 32$

h) $63 \div 9 =$ ________, pois ________ $\times 9 = 63$

---

42 Resolva as multiplicações e divisões.

a) $4 \times 3 =$ ________

b) $54 \div 6 =$ ________

c) $8 \times 2 =$ ________

d) $72 \div 8 =$ ________

e) $4 \times 5 =$ ________

f) $81 \div 9 =$ ________

g) $7 \times 6 =$ ________

h) $24 \div 8 =$ ________

i) $3 \times 7 =$ ________

j) $25 \div 5 =$ ________

k) $5 \times 8 =$ ________

l) $36 \div 4 =$ ________

ARREDONDAR FACILITA CALCULAR

43 Para facilitar os cálculos nós arredondamos os números. Arredonde os números a seguir para a dezena exata mais próxima.

21	→		22	→		123	→		138	→	
32	→		38	→		253	→		278	→	
67	→		58	→		359	→		469	→	

44 Arredonde para a centena exata mais próxima.

127	→		199	→		309	→		456	→	
244	→		539	→		713	→		817	→	
436	→		752	→		598	→		989	→	

45 Pinte o retângulo com o resultado mais próximo de cada operação:

Operação	Resultado aproximado			
400 + 550 =	700	800	865	900
310 + 450 =	750	800	830	850
990 – 480 =	450	500	550	650
1 080 – 100 =	1 180	900	1000	970
280 + 720 =	800	1 050	900	1 000

46 Veja como Ana e João resolveram as operações, usando a estratégia d arredondamento.

Ana

77 + 18 =

+ 3

80 + 18 = 98

98 – 3 = 95

João

60 – 36 =

+ 6

66 – 36 = 30

30 – 6 = 24

Use a estratégia do João e da Ana para resolver as operações abaixo.

a) 106 – 58 =	b) 134 + 78 =
c) 267 – 125 =	d) 249 + 139 =

PARADA PARA CALCULAR

47 Só fazendo estimativas, sem resolver, copie cada conta na coluna correta do quadro.

400 + 110	400 + 130	600 – 80	400 ÷ 2
62 × 4	85 × 5	95 + 300	200 + 320

	Mais de 500		Menos de 500
a)		b)	
c)		d)	
e)		f)	
g)		h)	

48 Veja como Julia calcula a **metade** de 100 e de 1 000.

Faça como Julia e calcule a metade dos seguintes números:

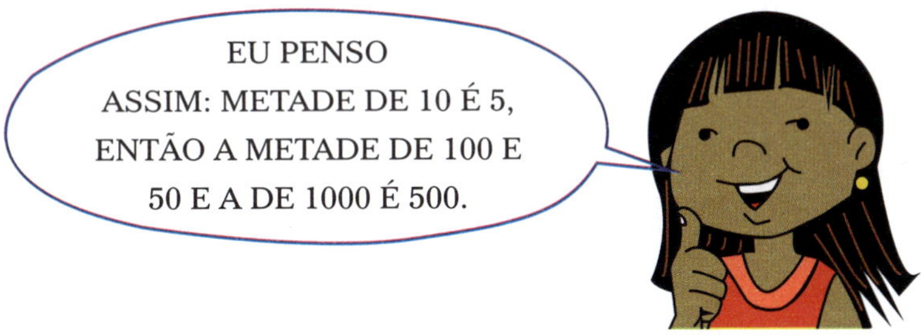

a) 20 = ______ b) 30 = ______ c) 40 = ______

200 = ______ 300 = ______ 400 = ______

2 000 = ______ 3 000 = ______ 4 000 = ______

d) 50 = ______ e) 60 = ______ f) 70 = ______

500 = ______ 600 = ______ 700 = ______

5 000 = ______ 6 000 = ______ 7 000 = ______

DIVISÃO

49 Calcule o resultado de cada divisão. Use a tabuada do **oito** para ajudá-lo.

a) 16 ÷ 8 = ____________

b) 32 ÷ 8 = ____________

c) 48 ÷ 8 = ____________

d) 56 ÷ 8 = ____________

e) 64 ÷ 8 = ____________

f) 8 ÷ 8 = ____________

g) 24 ÷ 8 = ____________

h) 80 ÷ 8 = ____________

i) 72 ÷ 8 = ____________

j) 40 ÷ 8 = ____________

---

50 Calcule o resultado de cada divisão. Use a tabuada do **nove** para ajudá-lo.

a) 27 ÷ 9 = ____________

b) 81 ÷ 9 = ____________

c) 63 ÷ 9 = ____________

d) 18 ÷ 9 = ____________

e) 45 ÷ 9 = ____________

f) 72 ÷ 9 = ____________

g) 90 ÷ 9 = ____________

h) 36 ÷ 9 = ____________

i) 9 ÷ 9 = ____________

j) 54 ÷ 9 = ____________

REGULARIDADES NA MULTIPLICAÇÃO E NA DIVISÃO

51 Calcule mentalmente. Siga o exemplo.

$1 \times 3 = 3$
$10 \times 3 = 30$
$100 \times 3 = 300$
$1\,000 \times 3 = 3\,000$

a) $1 \times 5 =$ ______

$10 \times 5 =$ ______

$100 \times 5 =$ ______

$1\,000 \times 5 =$ ______

b) $1 \times 9 =$ ______

$10 \times 9 =$ ______

$100 \times 9 =$ ______

$1\,000 \times 9 =$ ______

c) $3 \times 7 =$ ______

$30 \times 7 =$ ______

$300 \times 7 =$ ______

$3\,000 \times 7 =$ ______

d) $7 \times 6 =$ ______

$70 \times 6 =$ ______

$700 \times 6 =$ ______

$7\,000 \times 6 =$ ______

e) $4 \times 4 =$ ______

$40 \times 4 =$ ______

$400 \times 4 =$ ______

$4\,000 \times 4 =$ ______

f) $5 \times 3 =$ ______

$50 \times 3 =$ ______

$500 \times 3 =$ ______

$5\,000 \times 3 =$ ______

DIVISÃO

52 Calcule o resultado.

a) $40 \div 4 =$ ☐ → $400 \div 4 =$ ☐

b) $28 \div 4 =$ ☐ → $280 \div 4 =$ ☐

c) $20 \div 4 =$ ☐ → $200 \div 4 =$ ☐

d) $12 \div 4 =$ ☐ → $120 \div 4 =$ ☐

e) $32 \div 4 =$ ☐ → $320 \div 4 =$ ☐

f) $24 \div 4 =$ ☐ → $240 \div 4 =$ ☐

g) $16 \div 4 =$ ☐ → $160 \div 4 =$ ☐

h) $36 \div 4 =$ ☐ → $360 \div 4 =$ ☐

---

53 Pinte o quadradinho com a resposta correta.

a) $72 \div 9 =$ 8 | 7 | 9 | 6

b) $56 \div 7 =$ 8 | 7 | 9 | 6

c) $54 \div 6 =$ 8 | 7 | 9 | 6

d) $42 \div 6 =$ 8 | 7 | 9 | 6

54 Resolva as divisões.

a) $800 \div 4 =$ ______ b) $600 \div 2 =$ ______ c) $300 \div 10 =$ ______

d) $900 \div 3 =$ ______ e) $700 \div 7 =$ ______ f) $500 \div 5 =$ ______

METADE

55 Henrique precisava calcular a **metade** de **98**. Veja como ele fez:

Decomponha o 98 = 90 + 8

Usando a mesma ideia de Henrique, calcule a metade de cada um dos números:

a) 68 = ______ b) 26 = ______ c) 72 = ______

d) 84 = ______ e) 52 = ______ f) 76 = ______

g) 62 = ______ h) 64 = ______ i) 48 = ______

56 Resolva os problemas.

a) A professora Juliana passou 24 exercícios de Matemática para seus alunos fazerem em casa. Natália já fez a metade dessa tarefa. Quantos exercícios ela já fez?

R: ______________________________

b) Tiago tem 450 reais. Felipe tem a metade dessa quantia menos 30 reais. Quantos reais ele tem?

R: ______________________________

c) Usei metade das laranjas para fazer suco. Eu tinha 28 laranjas, quantas sobraram?

R: ______________________________

d) Vitória tinha 54 reais. Usou metade dessa quantia para comprar um livro. Qual foi o valor do livro?

R: ______________________________

DIVISÃO E MULTIPLICAÇÃO

57 Calcule o resultado.

a) 60 ÷ 6 = ☐ ⟶ 600 ÷ 6 = ☐

b) 42 ÷ 6 = ☐ ⟶ 420 ÷ 6 = ☐

c) 30 ÷ 6 = ☐ ⟶ 300 ÷ 6 = ☐

d) 24 ÷ 6 = ☐ ⟶ 240 ÷ 6 = ☐

e) 48 ÷ 6 = ☐ ⟶ 480 ÷ 6 = ☐

f) 36 ÷ 6 = ☐ ⟶ 360 ÷ 6 = ☐

g) 12 ÷ 6 = ☐ ⟶ 120 ÷ 6 = ☐

h) 18 ÷ 6 = ☐ ⟶ 180 ÷ 6 = ☐

58 Complete as lacunas.

a) $80 \times 3 +$ ______ $= 280$

b) $40 \times 3 +$ ______ $= 190$

c) $60 \times 4 +$ ______ $= 300$

d) $90 \times 2 +$ ______ $= 280$

e) $30 \times 5 +$ ______ $= 170$

f) $70 \times 6 +$ ______ $= 450$

g) $60 \times 9 +$ ______ $= 600$

h) $30 \times 8 +$ ______ $= 280$

i) $50 \times 5 +$ ______ $= 290$

j) $30 \times 3 +$ ______ $= 120$

DIVISÃO

59 Calcule o resultado de cada divisão. Use a tabuada do **cinco** para ajudá-lo.

a) $30 \div 5 =$ ______

b) $40 \div 5 =$ ______

c) $45 \div 5 =$ ______

d) $35 \div 5 =$ ______

e) $5 \div 5 =$ ______

f) $20 \div 5 =$ ______

g) $25 \div 5 =$ ______

h) $15 \div 5 =$ ______

i) $10 \div 5 =$ ______

j) $50 \div 5 =$ ______

60 Calcule o resultado de cada divisão. Use a tabuada do **dez** para ajudá-lo.

a) $30 \div 10 =$ ______

b) $100 \div 10 =$ ______

c) $80 \div 10 =$ ______

d) $90 \div 10 =$ ______

e) $10 \div 10 =$ ______

f) $50 \div 10 =$ ______

g) $70 \div 10 =$ ______

h) $60 \div 10 =$ ______

i) $20 \div 10 =$ ______

j) $40 \div 10=$ ______

MULTIPLICAÇÃO

61 Siga o exemplo e calcule:

a)

$6 \times 4 =$	24
$6 \times 40 =$	240
$6 \times 400 =$	2 400
$6 \times 4\,000 =$	24 000

b)

$7 \times 9 =$	
$7 \times 90 =$	
$7 \times 900 =$	
$7 \times 9\,000 =$	

c)

$8 \times 6 =$	
$8 \times 60 =$	
$8 \times 600 =$	
$8 \times 6\,000 =$	

d)

$4 \times 8 =$	
$4 \times 80 =$	
$4 \times 800 =$	
$4 \times 8\,000 =$	

e)

$9 \times 4 =$	
$9 \times 40 =$	
$9 \times 400 =$	
$9 \times 4\,000 =$	

f)

$7 \times 5 =$	
$7 \times 50 =$	
$7 \times 500 =$	
$7 \times 5\,000 =$	

g)

$3 \times 8 =$	
$3 \times 80 =$	
$3 \times 800 =$	
$3 \times 8\,000 =$	

h)

$12 \times 1 =$	
$12 \times 10 =$	
$12 \times 100 =$	
$12 \times 1\,000 =$	

i)

$6 \times 7 =$	
$6 \times 70 =$	
$6 \times 700 =$	
$6 \times 7\,000 =$	

j)

$9 \times 9 =$	
$9 \times 90 =$	
$9 \times 900 =$	
$9 \times 9\,000 =$	

DIVISÃO

62 Calcule o resultado.

a) $70 \div 7 =$ ☐ → $700 \div 7 =$ ☐

b) $42 \div 7 =$ ☐ → $420 \div 7 =$ ☐

c) $35 \div 7 =$ ☐ → $350 \div 7 =$ ☐

d) $28 \div 7 =$ ☐ → $280 \div 7 =$ ☐

e) $49 \div 7 =$ ☐ → $490 \div 7 =$ ☐

f) $63 \div 7 =$ ☐ → $630 \div 7 =$ ☐

g) $14 \div 7 =$ ☐ → $140 \div 7 =$ ☐

h) $21 \div 7 =$ ☐ → $210 \div 7 =$ ☐

63 Pinte o quadradinho com a resposta correta.

a) $32 \div 8 =$ [4] [7] [8] [6]

b) $40 \div 5 =$ [6] [8] [7] [9]

c) $72 \div 9 =$ [8] [6] [5] [9]

d) $49 \div 7 =$ [6] [7] [4] [8]

PARADA PARA CALCULAR

64 Vamos completar até formar mil?

a)	900	100	800		600	
b)	700		400		100	
c)	998		730		805	
d)	500		9		80	
e)	680		4		60	

65 Resolva sem fazer cálculos com lápis e papel.

a) Tenho 20 centenas de figurinhas e meu amigo tem 2 milhares. Quem tem mais figurinhas?

R: ___

b) Uma escola comprou 40 caixas de canetinhas, com uma centena em cada caixa. Quantas canetas a escola comprou?

R: ___

c) Cinquenta aviões estavam na pista do aeroporto. Em uma hora, 12 decolaram e 5 aterrissaram. Quantos aviões estão na pista do aeroporto agora?

R: ___

d) Manuela tinha 25 reais. Deu 12 reais a seu irmão. Ganhou 20 reais de seu pai. Ela ficou com quantos reais?

R: ___

TABUADA

66 Pinte a resposta correta:

a)	6 × 8 =	67	56	48	64	53
b)	5 × 4 =	30	20	24	25	35
c)	7 × 8 =	81	64	56	63	54
d)	9 × 6 =	56	36	66	48	54
e)	8 × 5 =	70	40	42	45	35
f)	7 × 7 =	63	53	49	42	48
g)	5 × 9 =	45	55	40	50	35
h)	6 × 10 =	600	6 000	30	60	300
i)	9 × 8 =	78	64	72	62	84
j)	7 × 4 =	24	26	27	32	28
k)	5 × 11 =	115	50	55	555	151
l)	8 × 11 =	180	88	89	888	188
m)	9 × 9 =	72	89	90	78	81
n)	6 × 4 =	32	24	18	34	26
o)	7 × 6 =	48	46	42	44	52

SEQUÊNCIA DE OPERAÇÕES

67 Resolva:

a) 12 $\xrightarrow{+2}$ ☐ $\xrightarrow{\div 7}$ ☐ $\xrightarrow{\times 5}$ ☐ $\xrightarrow{-4}$ ☐

b) 3 $\xrightarrow{\times 9}$ ☐ $\xrightarrow{-7}$ ☐ $\xrightarrow{\times 4}$ ☐ $\xrightarrow{-6}$ ☐

c) 50 $\xrightarrow{-10}$ ☐ $\xrightarrow{\div 8}$ ☐ $\xrightarrow{\times 5}$ ☐ $\xrightarrow{+7}$ ☐

d) 18 $\xrightarrow{\div 3}$ ☐ $\xrightarrow{\times 9}$ ☐ $\xrightarrow{-5}$ ☐ $\xrightarrow{\div 7}$ ☐

e) 120 $\xrightarrow{\div 2}$ ☐ $\xrightarrow{+3}$ ☐ $\xrightarrow{\div 9}$ ☐ $\xrightarrow{+4}$ ☐

f) 400 $\xrightarrow{\div 4}$ ☐ $\xrightarrow{-60}$ ☐ $\xrightarrow{\times 2}$ ☐ $\xrightarrow{\times 5}$ ☐

68 Pinte o retângulo com a subtração cujo resultado está na última coluna da direita:

a)	98 – 70	128 – 15	145 – 40	113
b)	500 – 250	340 – 200	460 – 220	240
c)	98 – 10	88 – 21	89 – 20	67
d)	45 – 15	69 – 10	54 – 6	48
e)	88 – 18	77 – 6	95 – 14	70
f)	450 – 150	380 – 90	790 – 300	300

DOBRO E TRIPLO

69 Complete a tabela.

	Número	Dobro (× 2)	Triplo (× 3)
a)	2		
b)	3		
c)	4		
d)	5		
e)	6		
f)	7		
g)	8		
h)	9		
i)	10		

70 Resolva os problemas, calculando mentalmente.

a) Pedro tem **15** figurinhas e Fernando tem o **dobro** disso.

Fernando tem ______________ figurinhas.

b) Caio tem **35** carrinhos e Renato tem o **dobro** disso.

Renato tem ______________ carrinhos.

c) Ellen levou **45** doces para uma festa. Carol levou o **dobro** disso.

Carol levou ______________ doces.

71 Responda:

Qual é o número cujo dobro é 10? ______________

Qual é o número cujo triplo é 18? ______________

MULTIPLICAÇÃO, DIVISÃO E ESCRITA POR EXTENSO

72 Resolva:

a)
$800 = \_\_\_\_\_ \times 80$
$800 = \_\_\_\_\_ \times 40$
$800 = \_\_\_\_\_ \times 400$
$800 = \_\_\_\_\_ \times 100$

b)
$700 \div 7 = \_\_\_\_\_$
$700 \div 10 = \_\_\_\_\_$
$700 \div 100 = \_\_\_\_\_$
$700 \div 70 = \_\_\_\_\_$

c)
$900 = \_\_\_\_\_ \times 90$
$900 = \_\_\_\_\_ \times 9$
$900 = \_\_\_\_\_ \times 100$
$900 = \_\_\_\_\_ \times 300$

d)
$200 \div 50 = \_\_\_\_\_$
$200 \div 10 = \_\_\_\_\_$
$200 \div 20 = \_\_\_\_\_$
$200 \div 40 = \_\_\_\_\_$

e)
$300 = \_\_\_\_\_ \times 3$
$300 = \_\_\_\_\_ \times 30$
$300 = \_\_\_\_\_ \times 100$
$300 = \_\_\_\_\_ \times 60$

f)
$100 \div 2 = \_\_\_\_\_$
$100 \div 10 = \_\_\_\_\_$
$100 \div 5 = \_\_\_\_\_$
$100 \div 100 = \_\_\_\_\_$

SISTEMA DE NUMERAÇÃO DECIMAL

O sistema de numeração que nós usamos é o **sistema de numeração decimal**, pois agrupamos os números de 10 em 10 unidades.

Esse sistema é representando pelos algarismos 0, 1, 2, 3, 4, 5, 6, 7, 8 e 9. Eles representam todos os números para contar unidades, dezenas, centenas, unidades de milhar, dezenas de milhar etc. De acordo com a posição que ocupa em um número, cada algarismo representa um valor.

Por exemplo, no número 256, o algarismo **5** está ocupando a ordem da dezena, valendo 5 dezenas ou 50 unidades.

No exemplo acima, o número **256** possui:

2 centenas ou 200 unidades

5 dezenas ou 50 unidades

6 unidades

73 Escreva o valor de cada algarismo de acordo com a posição que ele ocupa no número.

a) <u>4</u>78 = ______________

4<u>7</u>8 = ______________

47<u>8</u> = ______________

b) <u>5</u>55 = ______________

5<u>5</u>5 = ______________

55<u>5</u> = ______________

c) <u>1</u> 427 = ______________

1 <u>4</u>27 = ______________

1 4<u>2</u>7 = ______________

1 42<u>7</u> = ______________

d) <u>3</u> 333 = ______________

3 <u>3</u>33 = ______________

3 3<u>3</u>3 = ______________

3 33<u>3</u> = ______________

e) <u>2</u>3 607 = ______________

2<u>3</u> 607 = ______________

23 <u>6</u>07 = ______________

23 6<u>0</u>7 = ______________

23 60<u>7</u> = ______________

f) <u>4</u>4 444 = ______________

4<u>4</u> 444 = ______________

44 <u>4</u>44 = ______________

44 4<u>4</u>4 = ______________

44 44<u>4</u> = ______________

QUADRO DE CLASSES E ORDENS

Os números são divididos em ordens e classes.

A ordem é a posição que um algarismo ocupa em um número, ou seja, cada algarismo é uma ordem.

Por exemplo, no número 256, há 3 algarismos e cada um ocupa uma ordem no número.

centena	dezena	unidade
2	5	6

O algarismo 2 ocupa a ordem da **centena**.

O algarismo 5 ocupa a ordem da **dezena**.

O algarismo 6 ocupa a ordem da **unidade**.

As ordens em um número são agrupadas de 3 em 3 e começam da direita para a esquerda. A cada 3 ordens, forma-se uma classe. Então, se o número tiver mais de 3 ordens, forma-se uma nova classe.

2ª Classe Milhares			1ª Classe Unidades Simples		
6ª ordem	5ª ordem	4ª ordem	3ª ordem	2ª ordem	1ª ordem
Centena de milhar	Dezena de milhar	Unidade de milhar	Centena	Dezena	Unidade
3	**9**	**0**	**2**	**5**	**6**

Como os números são infinitos, as classes e ordens também são.

74 Agora, responda: Se um número tiver 8 algarismos, quantas classes ele terá?

R: ____________________

Muito bem! Isso mesmo, ele terá 3 classes. E você sabe como elas se chamam?

Elas chamam CLASSE DOS MILHÕES. Existe também a CLASSE DOS BILHÕES, e outras se formarão a cada 3 ordens.

3ª Classe Milhões			2ª Classe Milhares			1ª Classe Unidades Simples		
9ª ordem	8ª ordem	7ª ordem	6ª ordem	5ª ordem	4ª ordem	3ª ordem	2ª ordem	1ª ordem
CM	DM	UM	Cm	Dm	Um	C	D	U
		6	**3**	**5**	**0**	**2**	**2**	**3**

O número **6 350 223** é formado por 7 ordens e 3 classes. A leitura dele é seis milhões, trezentos e cinquenta mil, duzentos e vinte e três unidades.

75 Agora, responda oralmente:

a) Quanto vale o algarismo 3, na 1ª ordem? ______________________

b) Quanto vale o algarismo 2, na 2ª ordem? ______________________

c) Quanto vale o algarismo 2, na 3ª ordem? ______________________

d) Quanto vale o algarismo 0, na 4ª ordem? ______________________

e) Quanto vale o algarismo 5, na 5ª ordem? ______________________

f) Quanto vale o algarismo 3, na 6ª ordem? ______________________

g) Quanto vale o algarismo 6, na 7ª ordem? ______________________

Viu como é fácil? Agora é a sua vez!!

---

76 Represente estes números no quadro de classes e ordens.

a) 356 **b) 6 055** **c) 907**

d) 15 678 **e) 403 560** **f) 2 999 304**

3ª Classe Milhões			2ª Classe Milhares			1ª Classe Unidades Simples		
9ª ordem	8ª ordem	7ª ordem	6ª ordem	5ª ordem	4ª ordem	3ª ordem	2ª ordem	1ª ordem
CM	DM	UM	Cm	Dm	Um	C	D	U

77 Observe o número 403 560 e responda:

a) Quanto vale o algarismo 3, na 4ª ordem? ______

b) Qual o nome da classe a que pertence o algarismo 4? ______

c) Quantas unidades há no algarismo 5, que ocupa a 3ª ordem? ______

d) Que algarismo ocupa a 5ª ordem? ______

e) Escreva por extenso esse número: ______

78 Em 2021, O IBGE, Instituto Brasileiro de Geografia e Estatística, estimou que a população brasileira era de 213 272 850.

a) Quantas classes há nesse número? E quantas ordens? ______

b) Quanto vale o algarismo 3, na 7ª ordem? ______

c) Quanto vale o algarismo 8, na 3ª ordem? ______

d) Quantas unidades há no algarismo 7, que ocupa a 5ª ordem? ______

e) Que algarismo ocupa a 9ª ordem? ______

f) Escreva por extenso esse número: ______

Desafio!

79 Crie um número com 2 classes, 5 ordens, que seja par e tenha o algarismo 0 na 4ª ordem. Troque o seu livro com um colega para que ele verifique se você acertou este desafio.

______

80 Descubra quem sou!

Sou formado por 3 classes.

Tenho 7 ordens.

A 2ª, 4ª e 5ª ordens são ocupadas pelo número 3.

A minha 3ª ordem vale 500 unidades.

O algarismo 2 ocupa a 7ª ordem.

Na 1ª e 6ª ordens há 0 unidade.

Que número sou eu? ______

81 Complete a tabela:

a)		Mil e trinta e sete.
b)		Dois mil, quatrocentos e dezessete.
c)	1 028	
d)	5 016	
e)		Quatro mil, trezentos e nove.
f)	20 676	

MULTIPLICAÇÃO

82 Preencha a tabela com os resultados que estão faltando:

	× 1	2	3	4	5	6	7	8	9	10
a)	**2**				10		14			
b)	**3**	6								
c)	**4**									
d)	**5**				25					
e)	**6**		18							
f)	**7**									
g)	**8**									80
h)	**9**			36						
i)	**10**									

83 Complete:

a)	______ × 8 = 24	b)	______ × 9 = 63	c)	______ × 6 = 48
d)	______ × 5 = 40	e)	______ × 7 = 49	f)	______ × 12 = 24
g)	______ × 3 = 18	h)	______ × 4 = 28	i)	______ × 4 = 16
j)	______ × 9 = 54	k)	______ × 11 = 44	l)	______ × 10 = 70

PARADA PARA CALCULAR

84 Qual é o produto?

a) $2 \times 8 =$ ______ b) $4 \times 8 =$ ______ c) $8 \times 8 =$ ______

d) $3 \times 8 =$ ______ e) $9 \times 8 =$ ______ f) $1 \times 8 =$ ______

g) $5 \times 8 =$ ______ h) $7 \times 8 =$ ______ i) $6 \times 8 =$ ______

j) $10 \times 8 =$ ______

85 Complete o quadro como no exemplo.

	1 005	**1 000 + 5**	**Mil e cinco**
a)	1 050		
b)	1 500		
c)	1 055	1 000 + 50 + 5	
d)	1 555		
e)	2 009		
f)	2 090		
g)	2 099		
h)	2 900		
i)	2 909		

DOBRO, TRIPLO E METADE

86 Numa caixa cabem 200 litros de água. Na outra, cabe o triplo.

a) Quantos litros de água cabem na segunda caixa? ______________.

b) Qual é a capacidade das duas caixas juntas? ______________.

---

87 Calcule:

a) O dobro de 12: ______________ b) O triplo de 24: ______________

c) O triplo de 20: ______________ d) O dobro de 50: ______________

e) O triplo de 30: ______________ f) O triplo de 50: ______________

88 Em uma fábrica, o número de funcionários homens é o dobro do número de mulheres.

a) Quantos homens trabalham na fábrica, se o número de mulheres é 300? ______________.

b) Qual é o total de funcionários? ______________.

89 Calcule a **metade** dos seguintes números:

a) 10: ______ 100: ______ 1 000: ______
b) 20: ______ 200: ______ 2 000: ______
c) 30: ______ 300: ______ 3 000: ______
d) 40: ______ 400: ______ 4 000: ______
e) 50: ______ 500: ______ 5 000: ______
f) 60: ______ 600: ______ 6 000: ______
g) 70: ______ 700: ______ 7 000: ______
h) 80: ______ 800: ______ 8 000: ______
i) 90: ______ 900: ______ 9 000: ______

÷2

ADIÇÃO E SUBTRAÇÃO

90 Resolva

a)
12 + 8 = ______
14 + 6 = ______
17 + 3 = ______
18 + 2 = ______

b)
120 + 80 = ______
140 + 60 = ______
170 + 30 = ______
180 + 20 = ______

c)
1 200 + 800 = ______
1 400 + 600 = ______
1 700 + 300 = ______
1 800 + 200 = ______

d)
200 – 50 = ______
200 – 10 = ______
200 – 20 = ______
200 – 40 = ______

e)
400 – 300 = ______
900 – 300 = ______
500 – 300 = ______
700 – 300 = ______

f)
100 – 20 = ______
100 – 10 = ______
100 – 60 = ______
100 – 70 = ______

91 Mais um pouco de cálculos:

a) 51 + 19 = ____________ b) 45 + 15 = ____________

c) 29 + 11 = ____________ d) 98 – 58 = ____________

e) 33 + 16 = ____________ f) 69 – 30 = ____________

g) 39 – 29 = ____________ h) 19 + 11 = ____________

j) 18 + 22 = ____________ j) 21 – 16 = ____________

PARADA PARA CALCULAR

92 Veja como Marcelo e Enzo resolveram **340 – 80**:

Escolha a forma de Marcelo ou de Enzo e calcule:

a) 240 – 70 = __________ b) 330 – 90 = __________ c) 380 – 90 = __________

d) 410 – 40 = __________ e) 548 – 70 = __________ f) 329 – 80 = __________

93 Complete o quadro a seguir:

	×	4	5	6	7	8	9
a)	2						
b)	3						
c)	4						
d)	5						
e)	6						
f)	7						
g)	8						
h	9						

ADIÇÃO, MULTIPLICAÇÃO E DIVISÃO

94 Resolva mentalmente:

a) 48 + 20 = ______

b) 4 × 3 = ______

c) 81 ÷ 9 = ______

d) 120 + 44 = ______

e) 5 × 9 = ______

f) 24 ÷ 8 = ______

g) 130 + 56 = ______

h) 4 × 7 = ______

i) 12 ÷ 6 = ______

j) 151 + 22 = ______

k) 2 × 8 = ______

l) 42 ÷ 6 = ______

m) 283 + 40 = ______

n) 7 × 3 = ______

o) 18 ÷ 3 = ______

p) 440 + 58 = ______

q) 3 × 11 = ______

r) 27 ÷ 3 = ______

s) 812 + 8 = ______

t) 8 × 20 = ______

u) 385 + 100 = ______

v) 5 × 0 = ______

w) 333 + 60 = ______

x) 32 ÷ 8 = ______

y) 9 × 5 = ______

z) 45 ÷ 5 = ______

SITUAÇÕES-PROBLEMAS

Resolva as situações-problema por meio do cálculo mental.

95 Cássia faz chutes a gol como ninguém! Na última vez que brincou, fez 21 gols. Se cada gol vale 3 pontos, quantos pontos Cássia fez?

R.: ______________________________

96 Júnior vive se machucando quando brinca. Só nesta semana, esfolou 13 vezes cada joelho. Qual o total de esfoladas que ele deu em seus joelhos nesta semana?

R.: ______________________________

97 Pedro tem 350 adesivos e seu amigo tem apenas 49. Quantos adesivos os dois possuem juntos?

R.: ______________________________

98 Camila comprou 150 balas e quer distribuí-las entre 50 crianças. Quantas balas cada criança receberá?

R.: ______________________________

99 Ana Laura gasta todos os dias 4 reais na cantina de seu colégio. Ao final de 30 dias, quantos reais ela terá gastado?

R.: ______________________________

100 No texto a seguir, falta um trecho com alguma informação. Complete o texto do problema e resolva-o.

Marcelo coleciona cards. No sábado ele ganhou alguns cards do seu avô e comprou mais 18 com o seu dinheiro. Quando cards ele tem agora?

R.: ______________________________

101 Leia o texto e crie uma pergunta que seja possível responder.

Sandra comprou uma geladeira em três parcelas. A primeira parcela foi de R$ 250,00, e as outras duas, de R$ 145,00.

R.: ______________________________

102 Resolva as situações-problema:

a) No colégio em que André estudar, há 5 turmas de 4º ano, com o mesmo número de alunos. As professoras querem entregar um cartão de boas-vindas a cada aluno. Sabendo-se que, em cada sala, há 27 alunos, quantos cartões serão necessários no total?

Cálculo:

Resposta: ______

b) A lanchonete de um colégio está se preparando para receber os alunos na volta às aulas. Foram encomendadas 120 minipizzas, 75 cachorros-quentes e 144 pães de queijo. Quantos salgadinhos foram encomendados ao todo?

Cálculo:

Resposta: ______

c) Amanda resolveu fazer uma festa do pijama e convidou 5 amigas, pois estava com saudades delas. À noite, resolveram pedir pizza e suco pelo delivery. Gastaram ao todo 192 reais. Elas dividiram esse valor igualmente. Quantos reais cada uma gastou nessa compra?

Cálculo:

Resposta: ______

d) Nas férias, Antônio pediu a sua mãe um livro da coleção Desventuras em Série para ler. O livro tinha 320 páginas. Ele leu 236. Quantas páginas ainda restam para que ele termine sua leitura?

Cálculo:

Resposta: ______

e) A papelaria do Sr. Carlos fez uma compra grande, em janeiro, por causa do início das aulas. O item que ele mais comprou foi caderno.

Veja a tabela:

Caderno espiral	372
Caderno brochura	189
Caderno capa dura	585
TOTAL DE CADERNOS	?

✓ Descubra quantos cadernos ele comprou ao todo.

Cálculo:

Resposta: ______________________________

✓ Foram vendidos 833 cadernos. Quantos restaram?

Cálculo:

Resposta: ______________________________

f) Caio e Fabio receberam de seus parentes dinheiro de presente de Natal. Como estudaram Matemática Financeira no colégio, sabem da importância de economizar, por isso guardaram seu dinheiro. Caio ganhou ao todo 165 reais e seu irmão Fabio, 88 reais a mais que Caio. Quantos reais Fabio ganhou?

Cálculo:

Resposta: ______________________________

g) Helena cresceu muito durante as férias, por isso sua família precisou comprar uniforme novo para ela ir para ao colégio. Gastaram 279 reais na compra. Esse valor foi dividido em 3 parcelas iguais. Qual foi o valor de cada parcela?

Cálculo:

Resposta: ______________________________

SEQUÊNCIA DE OPERAÇÕES

103 Resolva:

a)	150	÷10 →		× 2 →		+5 →		÷ 7 →
b)	200	÷ 2 →		– 50 →		× 3 →		+25 →
c)	300	+ 100 →		÷ 2 →		× 4 →		÷ 8 →
d)	500	÷ 2 →		÷ 10 →		÷ 5 →		× 8 →
e)	60	× 6 →		– 120 →		÷ 10 →		÷ 6 →
f)	80	÷ 2 →		+ 20 →		– 30 →		× 3 →
g)	280	– 50 →		+ 70 →		– 80 →		+ 40 →
h)	350	÷ 5 →		– 30 →		÷ 2 →		× 8 →

PARADA PARA CALCULAR

104 Qual é o produto?

a) $9 \times 9 =$ ________ b) $5 \times 8 =$ ________ c) $6 \times 5 =$ ________

d) $7 \times 4 =$ ________ e) $7 \times 8 =$ ________ f) $7 \times 6 =$ ________

g) $7 \times 7 =$ ________ h) $9 \times 7 =$ ________ i) $8 \times 9 =$ ________

j) $6 \times 6 =$ ________ k) $5 \times 5 =$ ________ l) $8 \times 5 =$ ________

m) $9 \times 8 =$ ________

105 Lembre-se das tabuadas e resolva as divisões:

a) $16 \div 4 =$ ________ b) $160 \div 4 =$ ________

c) $16 \div 8 =$ ________ d) $160 \div 8 =$ ________

e) $16 \div 2 =$ ________ f) $160 \div 2 =$ ________

g) $18 \div 2 =$ ________ h) $180 \div 2 =$ ________

i) $24 \div 3 =$ ________ j) $240 \div 3 =$ ________

k) $24 \div 6 =$ ________ l) $240 \div 6 =$ ________

m) $24 \div 8 =$ ________ n) $240 \div 8 =$ ________

o) $24 \div 4 =$ ________ p) $240 \div 4 =$ ________

106 Pinte a resposta correta:

a)	32 =	6 × 4	4 × 8	8 × 5	7 × 3	9 × 3
b)	45 =	9 × 5	8 × 5	7 × 5	6 × 5	8 × 6
c)	64 =	8 × 7	6 × 7	9 × 6	8 × 8	9 × 9
d)	49 =	6 × 7	8 × 8	7 × 8	9 × 6	7 × 7
e)	72 =	9 × 8	9 × 6	7 × 9	8 × 7	9 × 9
f)	16 =	7 × 3	3 × 6	8 × 2	6 × 4	8 × 3
g)	54 =	7 × 9	9 × 6	7 × 7	9 × 8	5 × 11
h)	36 =	6 × 7	5 × 6	8 × 4	6 × 6	4 × 4
i)	40 =	8 × 5	7 × 5	6 × 5	9 × 5	5 × 7
j)	81 =	8 × 8	9 × 9	8 × 9	6 × 9	9 × 7
k)	28 =	8 × 4	4 × 9	7 × 4	3 × 7	3 × 8
l)	21 =	3 × 7	7 × 4	8 × 3	9 × 2	4 × 8
m)	24 =	4 × 7	5 × 5	3 × 9	6 × 4	8 × 4
n)	14 =	8 × 2	2 × 7	6 × 3	9 × 2	5 × 3
o)	63 =	8 × 8	9 × 6	7 × 8	9 × 8	7 × 9

QUANTO FALTA?

107 Quanto falta para completar 20?

a)	3		b)	14		c)	5	
d)	16		e)	1		f)	19	
g)	8		h)	15		i)	7	
j)	12							

108 Quanto falta para completar 30?

a)	6		b)	16		c)	2	
d)	19		e)	9		f)	13	
g)	1		h)	17		i)	5	
j)	11							

109 Quanto falta para completar 40?

a)	16		b)	26		c)	12	
d)	29		e)	19		f)	33	
g)	11		h)	27		i)	15	
j)	21							

110 Quanto falta para completar 50?

a)	13		b)	24		c)	5	
d)	36		e)	11		f)	19	
g)	8		h)	35		i)	7	
j)	42							

111 Quanto falta para completar 100?

a)	20		b)	30		c)	25	
d)	80		e)	95		f)	45	
g)	100		h)	55		i)	66	
j)	50		k)	97		l)	78	
m)	51		n)	77		o)	88	

112 Quanto falta para completar 1 000?

a)	300		b)	220		c)	250	
d)	950		e)	80		f)	450	
g)	550		h)	100		i)	660	
j)	970		k)	50		l)	780	
m)	770		n)	510		o)	800	

113 Quanto falta para completar 500?

a)	250		b)	300		c)	330	
d)	100		e)	155		f)	410	
g)	150		h)	455		i)	160	
j)	50		k)	390		l)	230	
m)	430		n)	280		o)	60	

MULTIPLICAÇÃO

114 Siga o exemplo e calcule:

a)

21 =	3 × 7
210 =	3 × 70
2 100 =	3 × 700
21 000 =	3 × 7 000

b)

32 =	4 × ______
320 =	4 × ______
3 200 =	4 × ______
32 000 =	4 × ______

c)

42 =	7 × ______
420 =	7 × ______
4 200=	7 × ______
42 000=	7 × ______

d)

63 =	9 × ______
630 =	9 × ______
6 300 =	9 × ______
63 000 =	9 × ______

e)

56 =	7 × ______
560 =	7 × ______
5 600 =	7 × ______
56 000 =	7 × ______

f)

48 =	6 × ______
480 =	6 × ______
4 800 =	6 × ______
48 000 =	6 × ______

g)

64 =	8 × ______
640 =	8 × ______
6 400 =	8 × ______
64 000 =	8 × ______

h)

72 =	9 × ______
720 =	9 × ______
7 200 =	9 × ______
72 000 =	9 × ______

PARADA PARA CALCULAR

115 Qual é o produto?

a) $2 \times 7 =$ ______ b) $4 \times 7 =$ ______ c) $8 \times 7 =$ ______

d) $4 \times 9 =$ ______ e) $6 \times 9 =$ ______ f) $5 \times 9 =$ ______

g) $5 \times 8 =$ ______ h) $4 \times 8 =$ ______ i) $3 \times 8 =$ ______

j) $7 \times 7 =$ ______ k) $3 \times 7 =$ ______ l) $6 \times 7 =$ ______

m) $9 \times 9 =$ ______ n) $8 \times 9 =$ ______ o) $7 \times 9 =$ ______

p) $8 \times 8 =$ ______ q) $9 \times 8 =$ ______ r) $7 \times 8 =$ ______

s) $6 \times 5 =$ ______ t) $8 \times 6 =$ ______ u) $10 \times 5 =$ ______

116 Resolva as divisões:

Quociente é a resposta de uma divisão!

a) $45 \div 9 =$ ______ b) $72 \div 9 =$ ______ c) $36 \div 9 =$ ______

d) $56 \div 8 =$ ______ e) $40 \div 8 =$ ______ f) $24 \div 8 =$ ______

g) $49 \div 7 =$ ______ h) $14 \div 7 =$ ______ i) $28 \div 7 =$ ______

j) $42 \div 7 =$ ______ k) $63 \div 7 =$ ______ l) $56 \div 7 =$ ______

m) $30 \div 6 =$ ______ n) $54 \div 6 =$ ______ o) $48 \div 6 =$ ______

p) $63 \div 9 =$ ______ q) $81 \div 9 =$ ______ r) $54 \div 9 =$ ______

ADIÇÃO, MULTIPLICAÇÃO E DIVISÃO

117 Resolva mentalmente:

a) $68 + 30 =$ ______ b) $7 \times 4 =$ ______ c) $54 \div 9 =$ ______

d) $30 + 44 =$ ______ e) $6 \times 9 =$ ______ f) $64 \div 8 =$ ______

g) $160 + 47 =$ ______ h) $8 \times 7 =$ ______ i) $36 \div 6 =$ ______

j) $131 + 55 =$ ______ k) $2 \times 6 =$ ______ l) $48 \div 6 =$ ______

m) $452 + 23 =$ ______ n) $8 \times 3 =$ ______ o) $27 \div 3 =$ ______

p) $330 + 69 =$ ______ q) $6 \times 11 =$ ______ r) $18 \div 2 =$ ______

s) $953 + 13 =$ ______ t) $7 \times 30 =$ ______

u) $652 + 200 =$ ______ v) $10 \times 10 =$ ______

w) $555 + 40 =$ ______ x) $48 \div 8 =$ ______

y) $8 \times 5 =$ ______ z) $35 \div 5 =$ ______

SITUAÇÕES - PROBLEMA

Resolva as situações-problema por meio de cálculo mental.

118 Em um mês, Talita consegue juntar 120 notas de 2 reais. Quantos reais ela juntará em dois meses?

R.: ______________________________

119 Clara tem 6 anos e dois irmãos mais velhos. João tem o triplo de sua idade e Joaquim tem metade da idade de João. Quantos anos têm João e Joaquim?

R.: ______________________________

120 Carolina adora fazer pulseiras de miçangas. Ela usa 21 miçangas em cada pulseira. Quantas miçangas ela terá usado se fizer 4 pulseiras?

R.: ______________________________

121 Conrado nasceu em 2001. Quantos anos ele completará em 2024?

R.: ______________________________

122 Alberto está de dieta. Ele pretende perder, em 9 meses, o total de 27 quilos. Quantos quilos ele precisa perder por mês?

R.: ______________________________

123 Felipe tinha 78 figurinhas da copa do mundo de futebol. Trocou com seus amigos e, quando chegou em casa, percebeu que tinha perdido 13 figurinhas. Com quantas ele ficou?

R.: ______________________________

____

124 Dona Marta é uma ótima cozinheira. Ela faz biscoitos de chocolate com vários formatos. Ela guardou os que fez em 3 caixas com 12 biscoitos em cada uma e depois solicitou que o entregador levasse até uma loja para venda. Quantos biscoitos foram para a loja?

Antes de resolver, grife os dados que de fato são necessário para a resolução.

R.: ______________________________

125 Marcela nasceu em 2016. Em que ano ela completará 11 anos de idade?

R.: ______

126 Thaís tem uma loja de bolos e precisa entregar uma encomenda de cupcakes na quarta-feira. São 5 caixas com 135 cupcakes em cada uma. Quantos cupcakes ela precisará fazer?

R.: ______

127 O colégio da Carol fez uma campanha para arrecadar cestas básicas. Foram arrecadadas 1 308 cestas, que serão repartidas igualmente entre 6 instituições da cidade. Quantas cestas básicas cada instituição receberá?

R.: ______

128 Vovô Pedro comprou uma mochila para cada um dos seus cinco netos. Pagou por todas elas o valor de 690 reais. Sabendo que cada mochila tem o mesmo valor, quantos reais custou cada uma?

R.: ______

129 João já marcou 1 387 pontos em um jogo de videogame. O jogo termina quando um jogador alcança 3 500 pontos. Quantos pontos João ainda precisa marcar para finalizar o jogo?

R.: ______

130 Graziela comprou uma coleção contendo 6 livros para ler durante as férias. Pagou por todos eles o valor de 522 reais. Sabendo que cada livro tem o mesmo valor, quantos reais custou cada um?

R.: ______

131 Michelle arrumou sua coleção de adesivos em 8 páginas. Ela tinha 176 adesivos. Quantos adesivos foram colocados em cada página?

R.: ______

132 Forme todos os números possíveis com estes quatro algarismos: **2976**

a) Qual é o menor número formado?

b) Nesse número, em que posição ficou cada algarismo

c) Qual é o maior número formado?

d) Nesse número, em que posição ficou cada algarismo?

e) Qual é o sucessor do menor número formado?

133 Observe o número **2 431** e responda:

a) Quantas unidades tem esse número?

b) Qual é o algarismo que está na posição da unidade?

c) Quantas dezenas tem esse número?

d) Qual é o algarismo que está na posição da dezena?

e) Quantas centenas tem esse número?

f) Qual é o algarismo que está na posição da centena?

g) Quantos milhares tem esse número?

h) Qual é o algarismo que está na posição do milhar?

134 Observe o número **3 310** e responda:

a) Quantos algarismos formam esse número? E quais são eles?

____

b) Quantas dezenas tem esse número? ______________________

c) Qual é o algarismo que está na posição da dezena? ______________

d) Quantas centenas tem esse número? ______________________

e) Qual é o algarismo que está na posição da centena? ______________

135 Observe o número **6 478** e responda:

a) Quantos algarismos formam esse número? E quais são eles?

____

b) Quantas dezenas tem esse número? ______________________

c) Qual é o algarismo que está na posição da dezena? ______________

d) Quantas centenas tem esse número? ______________________

e) Qual é o algarismo que está na posição da centena? ______________

136 Forme o maior número possível com os algarismos a seguir:

1	4	3	0

____

137 Forme o menor possível com os algarismos a seguir:

6	3	2	0

____

138 Associe o número a sua decomposição:

a) 3 459 ( ) 59 centenas, 3 dezenas e 4 unidades

b) 1 745 ( ) 45 dezenas e 9 unidades

c) 5 934 ( ) 4 milhares, 67 dezenas e 8 unidades

d) 459 ( ) 34 centenas e 59 unidades

e) 4 678 ( ) 17 centenas, 4 dezenas e 5 unidades

---

139 Faça a decomposição dos números de duas formas diferentes:

a) 3 106 ______

b) 2 033 ______

c) 6 124 ______

d) 551 ______

e) 1 367 ______

---

140 Responda às questões escrevendo os números solicitados:

a) Qual o número formado por dois milhares, sete centenas e quatro unidades?

______

b) Qual o número formado por cinco milhares e cinco unidades?

______

c) Qual o número formado por três milhares, duas dezenas e uma unidade?

______

d) Qual número tem 10 unidades a menos que 1 423? ______

e) Qual número tem 1 centena a mais que 2 964? ______

f) Qual número vem imediatamente depois de 5 789? ______

g) Qual número vem imediatamente antes de 4 380? ______

h) Qual número tem um milhar a menos que 8 265? ______

141 Observe e complete com a informações pedidas:

a) 1 854

Esse número tem:

_______ unidades

_______ dezenas

_______ centenas

_______ unidade de milhar

b) 2 340

Esse número tem:

_______ unidades

_______ dezenas

_______ centenas

_______ unidades de milhar

c) 3 055

Esse número tem:

_______ unidades

_______ dezenas

_______ centenas

_______ unidades de milhar

d) 4 300

Esse número tem:

_______ unidades

_______ dezenas

_______ centenas

_______ unidades de milhar

e) 5 555

Esse número tem:

_______ unidades

_______ dezenas

_______ centenas

_______ unidades de milhar

142 Complete o quadro como nos exemplos.

	4 000 + 500 + 2	4 502	Quatro mil, quinhentos e dois
a)	9 000 + 456		
b)	6 000 + 30 + 5		
c)			Oito mil, trezentos e cinquenta e quatro
d)		1 206	
e)			Sete mil, seiscentos e noventa
f)	8 800 + 45		
g)		9 001	

143 Escreva o maior e o menor número de quatro algarismos que você pode formar usando **5**, **3**, **1** e **0**, sem repetir nenhum algarismo.

144 Escreva os números naturais pares que são maiores que **3 450** e menores que **3 460**.

METADE E DOBRO EM SITUAÇÕES-PROBLEMA

145 Complete as frases:

a) Quarenta canetas custam 40 reais. Metade das canetas custa ________.

b) Comprei 1 centena de flores. Se comprasse a metade, compraria ________ ________ flores.

c) Juliana tinha 34 balas e deu a metade para seu irmão. Juliana deu ________ ________ balas ao irmão.

d) Meu avô tem 92 anos e meu pai tem a metade dessa idade. Meu pai tem ________ anos.

---

146 Resolva os problemas mentalmente:

a) A professora Ana passou 24 exercícios de Matemática para seus alunos. Felipe já fez a metade. Quantos exercícios faltam para ele fazer?

____

b) Em uma prova havia 48 questões. Regina errou metade das questões. Quantas ela acertou? ________________________

c) Metade dos meus adesivos são 35 e metade dos adesivos de minha irmã são 25.

Quantos adesivos eu tenho no total? ________________

Quantos adesivos minha irmã tem no total? ________________

Quantos adesivos nós duas temos juntas? ________________

QUANTO FALTA?

147 Quanto falta para completar **100**?

a)	31		b)	55		c)	15	
d)	90		e)	49		f)	33	
g)	88		h)	20		i)	5	
j)	75		k)	1		l)	99	
m)	12		n)	45		o)	60	

148 Quanto falta para completar **1 000**?

a)	310		b)	550		c)	150	
d)	90		e)	940		f)	330	
g)	800		h)	20		i)	5	
j)	750		k)	600		l)	990	
m)	12		n)	450		0)	1	

149 Quanto falta para completar **500**?

a)	310		b)	55		c)	150	
d)	90		e)	490		f)	33	
g)	88		h)	20		i)	50	
j)	75		k)	1		l)	99	
m)	120		n)	45		o)	60	

CALCULANDO COM DINHEIRO

150 Observe o preço deste produto e responda:

a) Quantas moedas seriam necessárias para pagar uma lata de refrigerante se você usasse:

apenas moedas de 10 centavos? ______________________.

apenas moedas de 25 centavos? ______________________.

apenas moedas de 5 centavos? ______________________.

---

151 Agora veja o preço destes produtos:

a) Quantos sabonetes você poderia comprar com 2 reais? ______________.

b) Se você comprasse 2 sabonetes, quanto gastaria? ______________.

c) Quanto você receberia de troco se pagasse com uma nota de 10 reais:

1 fio dental? ______________________.

3 sabonetes? ______________________.

MULTIPLICANDO QUANTIDADES

152 Numa fábrica, há uma máquina que produz pacotes com lapiseiras como este:

Complete esta tabela com os números que faltam:

a)	Número de lapiseiras	10		30	90		
b)	Número de pacotes	1	2			12	15

153 Quantos pacotes como este é possível formar com:

✓ 200 folhas? ____________.

✓ 500 folhas? ____________.

✓ 1 000 folhas? ____________.

✓ 1 500 folhas? ____________.

154 Quantas folhas de papel sulfite há em:

✓ 2 pacotes como este? ____________.

✓ 5 pacotes como este? ____________.

✓ 10 pacotes como este? ____________.

✓ 20 pacotes como este? ____________.

PARADA PARA CALCULAR

155 Observe as imagens e responda:

a) Quanto custaria a caixa inteira?

R.: ______________________________

b) Quantas horas duraria cada DVD?

120 min.	90 min.	240 min.
______	______	______

c) Se consumirmos 6 garrafas de suco, quantos mL de suco teremos consumido?

R.: ______________________________

d) Se desejarmos despejar o conteúdo de 10 garrafas desse suco em uma jarra, qual deve ser a capacidade mínima da jarra?

R.: ______________________________

e) Uma placa tem 90 cm de comprimento. Se colocarmos 7 placas iguais a essa, uma depois da outra, em fila, sem espaço livre entre elas, qual seria o comprimento total?

R.: ______________________________

DESAFIO

156 Complete os espaços vazios com os números que estão faltando para que as operações fiquem corretas. Fique atento ao resultado dentro do retângulo!

25

a) 10 + ______

b) 50 – ______

c) ______ × 5

d) ______ ÷ 5

Vamos lá!

a) 10 + ? = 25 Devo pensar: 25 – 10 = ______ (operação inversa)

b) 50 – ? = 25 Devo pensar: 50 – 25 = ______ (mantém a subtração)

c) ? × 5 = 25 Devo pensar: 25 ÷ 5 = ______ (operação inversa)

d) ? ÷ 5 = 25 Devo pensar: 25 × 5 = ______ (operação inversa)

---

157 Agora é com você!

30

a) 25 + ______

b) 60 – ______

c) ______ × 6

d) ÷ 5 ______

a) 25 + ? = 30 Devo pensar: ______ – ______ = ______

b) 60 – ? = 30 Devo pensar: ______ – ______ = ______

c) ? × 6 = 30 Devo pensar: ______ ÷ ______ = ______

d) ? ÷ 5 = 30 Devo pensar: ______ × ______ = ______

158 Calcule o resultado de cada divisão.

a) 3 600 ÷ 10 = ______________

3 600 ÷ 100 = ______________

b) 24 000 ÷ 1000 = ______________

24 000 ÷ 100 = ______________

c) 1 800 ÷ 100 = ______________

1 800 ÷ 10 = ______________

d) 12 000 ÷ 1000 = ______________

12 000 ÷ 10 = ______________

159 Calcule mentalmente:

21 000
- ÷ 10 = ______________
- ÷ 100 = ______________
- ÷ 1 000 = ______________

36 000
- ÷ 10 = ______________
- ÷ 100 = ______________
- ÷ 1 000 = ______________

55 000
- ÷ 10 = ______________
- ÷ 100 = ______________
- ÷ 1 000 = ______________

88 000
- ÷ 10 = ______________
- ÷ 100 = ______________
- ÷ 1 000 = ______________

PARADA PARA CALCULAR

160 Preencha os espaços que estão faltando para que as operações fiquem corretas:

a) 456 + ________ = 468

b) ________ + 70 = 470

c) 780 – ________ = 700

d) ________ – 500 = 330

e) 500 + ________ = 876

f) ________ + 34 = 664

g) 900 – ________ = 500

h) ________ – 45 = 755

i) ________ × 5 = 45

j) 6 × ________ = 54

k) ________ ÷ 4 = 6

l) 81 ÷ ________ = 9

m) ________ × 8 = 64

n) 7 × ________ = 70

o) ________ ÷ 5 = 9

p) 72 ÷ ________ = 8

PARADA PARA CALCULAR

161 Complete

a)

$56 \div 8 =$	← $7 \times 8 =$ →	$56 \div 7 =$
$560 \div 8 =$		$560 \div 7 =$
$5\,600 \div 8 =$		$5\,600 \div 7 =$

b)

$54 \div 6 =$	← $6 \times 9 =$ →	$54 \div 9 =$
$540 \div 6 =$		$540 \div 9 =$
$5\,400 \div 6 =$		$5\,400 \div 9 =$

c)

$48 \div 6 =$	← $8 \times 6 =$ →	$48 \div 8 =$
$480 \div 6 =$		$480 \div 8 =$
$4\,800 \div 6 =$		$4\,800 \div 8 =$

162 Escreva com números a sentença matemática e dê o resultado:

a) O **triplo** de três: ________________

b) A **metade** de vinte e quatro: ________________

c) O **dobro** de cento e vinte e cinco: ________________

d) A **metade** de noventa e seis: ________________

e) **Um quarto** de doze: ________________

f) A **terça parte** de vinte e sete: ________________

HORAS E MINUTOS

Uma hora corresponde a um período de 60 minutos.

Cada número do relógio corresponde a um determinado número de minutos, contados de 5 em 5. O ponteiro menor indica as horas e o maior, os minutos.

Veja:

163 Coloque os ponteiros indicando a hora de cada relógio.

Lembre-se: O ponteiro pequeno marca as horas e o grande, os minutos

8h05 min.

1h55 min.

10h30 min.

12h

9h15 min.

3h40 min.

Um dia tem 24 horas. Ele é dividido em dois períodos: antes do meio-dia e após o meio-dia.

das 00:00 até as 11:59 **AM** (Ante *Meridiem*) – significa antes do meio-dia.	12:00 as 23:59 **PM** (Post *Meridiem*) – significa após o meio-dia.

Assim assim, pensamos nas horas da seguinte maneira:

00h – 12**h**
1h – 13**h**
2h – 14**h**
3h – 15**h**
4h – 16**h**
5h – 17**h**
6h – 18**h**
7h – 19**h**
8h – 20**h**
9h – 21**h**
10h – 22**h**
11h – 23**h**

Desafio!

164 Descubra uma regularidade que há entre as horas antes do meio-dia e após o meio-dia. Discuta com seus colegas e professor.

Registre a descoberta:

165 Complete com informações pessoais.

a) Geralmente eu acordo às ______________.

b) Tomo o meu café da manhã às ______________.

c) Fico no colégio das __________ às __________, totalizando __________ horas.

d) Costumo dormir às __________.

e) Por noite, durmo em média __________ horas.

---

166 Resolva as situações-problema:

a) Se um aluno chega ao colégio às 7h e vai embora às 12h, quantos minutos ele fica no colégio?
Raciocínio:

Resposta: ______________________________

b) A aula de Educação Física dura 45 minutos. Se ela começar às 10h30min, a que horas terminará?
Raciocínio:

Resposta: ______________________________

c) As professoras de 4º ano convidaram os alunos para assistirem a uma videoconferência sobre a situação dos idosos no Brasil. Ela começou às 14h15min e terminou às 15h40min. Quanto tempo durou essa videoconferência?
Raciocínio:

Resposta: ______________________________

d) Faltam 72h para as férias escolares começarem. Quantos dias isso representa?
Raciocínio:

Resposta: ______________________________

167 Que horas são?

a)

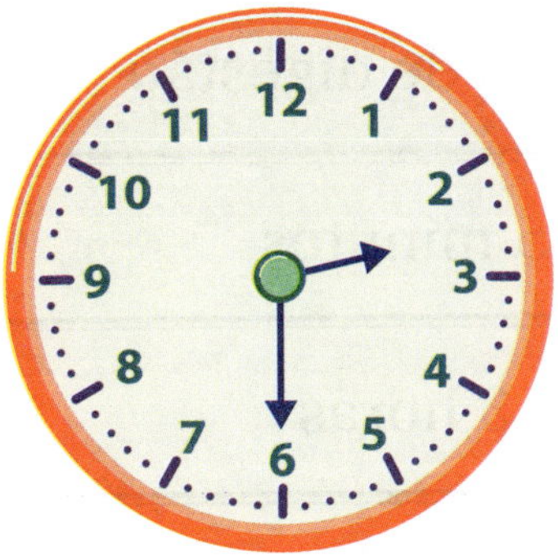

b)

c)

d)

e)

f)

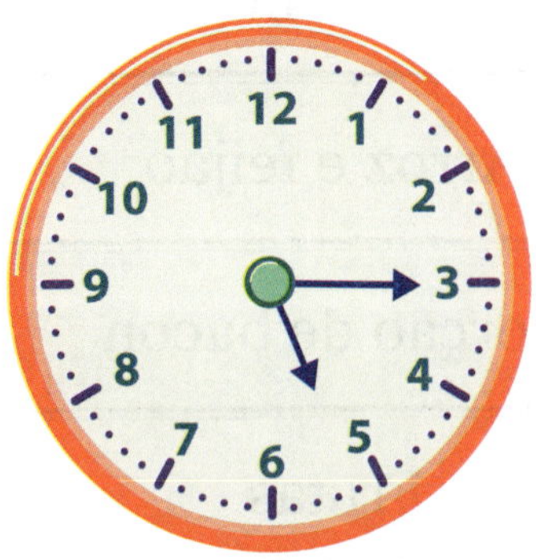

168 Observe, na tabela, o tempo aproximado de digestão de alguns alimentos:

Alimento	Tempo de digestão
Sorvete e frutas	5 minutos
Arroz, feijão e carne	3 horas
Porção de linguiça	6 horas
Porção de bacon	12 horas

Caio começa a almoçar ao meio-dia, quando chega da escola.

A que horas ele terminará sua digestão? Complete a tabela com as informações adequadas:

Alimento	Início da digestão	Término da digestão
Porção de linguiça	12 horas	
Arroz e feijão	12 horas	
Porção de bacon	12 horas	
Frutas	12 horas 30 minutos	
Sorvete	14 horas	

169 Calcule mentalmente.

a) 15
- × 10 = ______
- × 100 = ______
- × 1 000 = ______

b) 5
- × 10 = ______
- × 100 = ______
- × 1 000 = ______

c) 8
- × 10 = ______
- × 100 = ______
- × 1 000 = ______

d) 9
- × 10 = ______
- × 100 = ______
- × 1 000 = ______

e) 23
- × 10 = ______
- × 100 = ______
- × 1 000 = ______

f) 76
- × 10 = ______
- × 100 = ______
- × 1 000 = ______

g) 11
- × 10 = ______
- × 100 = ______
- × 1 000 = ______

h) 42
- × 10 = ______
- × 100 = ______
- × 1 000 = ______

i) 34
- × 10 = ______
- × 100 = ______
- × 1 000 = ______

j) 99
- × 10 = ______
- × 100 = ______
- × 1 000 = ______

MULTIPLICAÇÕES NA TABELA

170 Efetue as multiplicações indicadas e depois responda:

× 2 × 10 × 20

a)	1			4
b)		4		
c)		40	60	

× 3 × 10 × 30

d)	1		6	
e)		15		21
f)	30			

× 4 × 10 × 40

g)	3		5	
h)		16		32
i)				

j) Multiplicar por 20 é o mesmo que multiplicar por 2 e depois por 10?

____

l) Para multiplicar um número por 40, podemos multiplicar primeiro por 10 e depois por quanto? ______________________________

BINGO DA TABUADA

171 Anote os resultados das tabuadas que foram combinadas com a professora em cada quadradinho. Se não conseguir, coloque um traço.

Aguarde a correção e... boa sorte!

×	9	0	8	10	1	3	4	6	5	7	2

×	9	0	8	10	1	3	4	6	5	7	2

×	9	0	8	10	1	3	4	6	5	7	2

172 Resolva os cálculos abaixo de acordo com o tempo proposto. Depois, some sua pontuação:

a) $8 \times 40 =$ ______ b) $9 \times 50 =$ ______ c) $6 \times 90 =$ ______

d) $4 \times 80 =$ ______ e) $7 \times 50 =$ ______ f) $6 \times 70 =$ ______

g) $8 \times 90 =$ ______ h) $9 \times 60 =$ ______ i) $9 \times 100 =$ ______

j) $3 \times 60 =$ ______ k) $8 \times 300 =$ ______ l) $4 \times 700 =$ ______

m) $9 \times 900 =$ ______ n) $9 \times 700 =$ ______ o) $7 \times 800 =$ ______

p) $9 \times 300 =$ ______ q) $2 \times 500 =$ ______ r) $4 \times 800 =$ ______

Tempo: ______ **minutos**

Número de acertos: ______

173 Resolva os cálculos abaixo de acordo com o tempo proposto. Depois, some sua pontuação:

a) $100 \div 10 =$ ______ b) $63 \div 9 =$ ______ c) $63 \div 7 =$ ______

d) $4 \div 2 =$ ______ e) $9 \div 9 =$ ______ f) $9 \div 1 =$ ______

g) $14 \div 2 =$ ______ h) $14 \div 7 =$ ______ i) $36 \div 4 =$ ______

j) $36 \div 9 =$ ______ k) $25 \div 5 =$ ______ l) $40 \div 5 =$ ______

m) $40 \div 8 =$ ______ n) $54 \div 6 =$ ______ o) $54 \div 9 =$ ______

p) $20 \div 5 =$ ______ q) $20 \div 4 =$ ______ r) $36 \div 6 =$ ______

Tempo: ______ **minutos**

Número de acertos: ______

174 Resolva os cálculos abaixo de acordo com o tempo proposto. Depois, some sua pontuação:

a) $9 \times 9 =$ ______ b) $8 \times 90 =$ ______ c) $7 \times 900 =$ ______

d) $6 \times 9 =$ ______ e) $5 \times 90 =$ ______ f) $9 \times 800 =$ ______

g) $8 \times 8 =$ ______ h) $7 \times 80 =$ ______ i) $6 \times 800 =$ ______

j) $5 \times 8 =$ ______ k) $9 \times 70 =$ ______ l) $8 \times 700 =$ ______

m) $6 \times 7 =$ ______ n) $5 \times 70 =$ ______ o) $9 \times 600 =$ ______

p) $8 \times 6 =$ ______ q) $5 \times 60 =$ ______ r) $9 \times 500 =$ ______

Tempo: ______ **minutos**

Número de acertos: ______

175 Resolva os cálculos abaixo de acordo com o tempo proposto. Depois, some sua pontuação:

a) $70 \div 7 =$ ______ b) $70 \div 10 =$ ______ c) $36 \div 4 =$ ______

d) $36 \div 9 =$ ______ e) $48 \div 8 =$ ______ f) $48 \div 6 =$ ______

g) $42 \div 6 =$ ______ h) $42 \div 7 =$ ______ i) $24 \div 3 =$ ______

j) $24 \div 8 =$ ______ k) $28 \div 4 =$ ______ l) $28 \div 7 =$ ______

m) $30 \div 5 =$ ______ n) $30 \div 6 =$ ______ o) $72 \div 8 =$ ______

p) $72 \div 9 =$ ______ q) $63 \div 9 =$ ______ r) $63 \div 7 =$ ______

Tempo: ______ **minutos**

Número de acertos: ______

176 Para o aniversário de Marco Antônio, os amigos fizeram uma grande festa. Observe a tabela com os gastos realizados com a festa.

Bebidas	R$ 252,00
Salgados	R$ 385,00
Doces	R$ 239,00
Bolos	R$ 195,00

Agora, responda:

a) Qual foi o gasto total com a festa?

Resposta: ______________________________

b) Sabendo-se que cada bebida custou R$ 7,00, quantas unidades foram compradas?

Resposta: ______________________________

c) É possível saber quantos reais foram gastos com o DJ da festa? Por quê?

Resposta: ______________________________

177 Laura está cursando o 4º ano, e a cada ano letivo, novos conteúdos e descobertas vão surgindo. Neste ano, a professora de Laura perguntou aos alunos qual era o mês de aniversário de cada um. Após fazer as anotações, construiu, com eles, um gráfico. Observe-o e responda às perguntas:

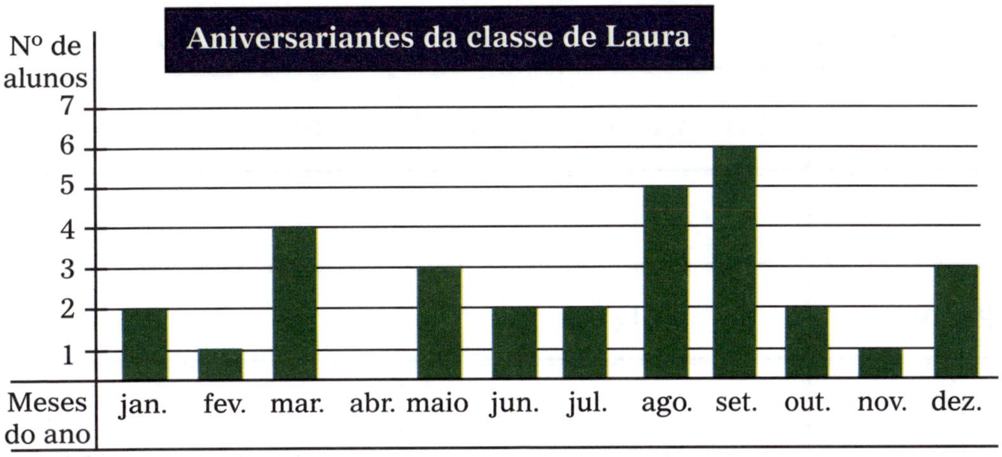

Fonte: Dados Fictícios

a) Qual é o mês com maior número de aniversariantes?

Resposta: ____________________

b) Qual é a diferença entre o número de aniversariantes dos meses de setembro e janeiro?

Resposta: ____________________

c) Em que mês não há nenhum aniversariante?

Resposta: ____________________

d) Quantos alunos estudam na classe de Laura?

Resposta: ____________________

178 Observe a tabela a seguir:

Já chega tarde		
O Brasil sempre espera para receber as novidades tecnológicas que despontam no mundo. A TV digital chega com quase uma década (10 anos) de atraso.		
Produto	**Lançamento mundial**	**Tempo para chegar ao Brasil**
TV	1930	20 anos
Videogame	1972	5 anos
Videocassete	1976	5 anos
Computador pessoal	1977	4 anos
Celular	1977	13 anos
CD -player	1982	2 anos
TV digital	1997	9 anos

Fonte: Época, 6/2/2006.

Assinale com um X as afirmações que forem verdadeiras.

( ) O celular foi o produto que mais tempo demorou para chegar ao Brasil depois de seu lançamento mundial.

( ) A diferença entre o tempo em que o videocassete e o celular demoraram para chegar ao Brasil é de 9 anos.

( ) O videocassete e o videogame levaram o mesmo tempo para chegar ao Brasil depois de seu lançamento mundial.

( ) O celular foi lançado mundialmente 30 anos antes da TV digital.

( ) O CD-player foi o produto que chegou mais rápido ao Brasil.

( ) O videocassete e o computador pessoal foram lançados mundialmente no mesmo ano.

( ) O computador pessoal chegou ao Brasil em 1983.

( ) O celular chegou ao Brasil antes que o computador pessoal.

179 Os professores do 4º ano realizaram uma pesquisa para saber qual é o lanche preferido dos alunos da escola. Confira o resultado no gráfico:

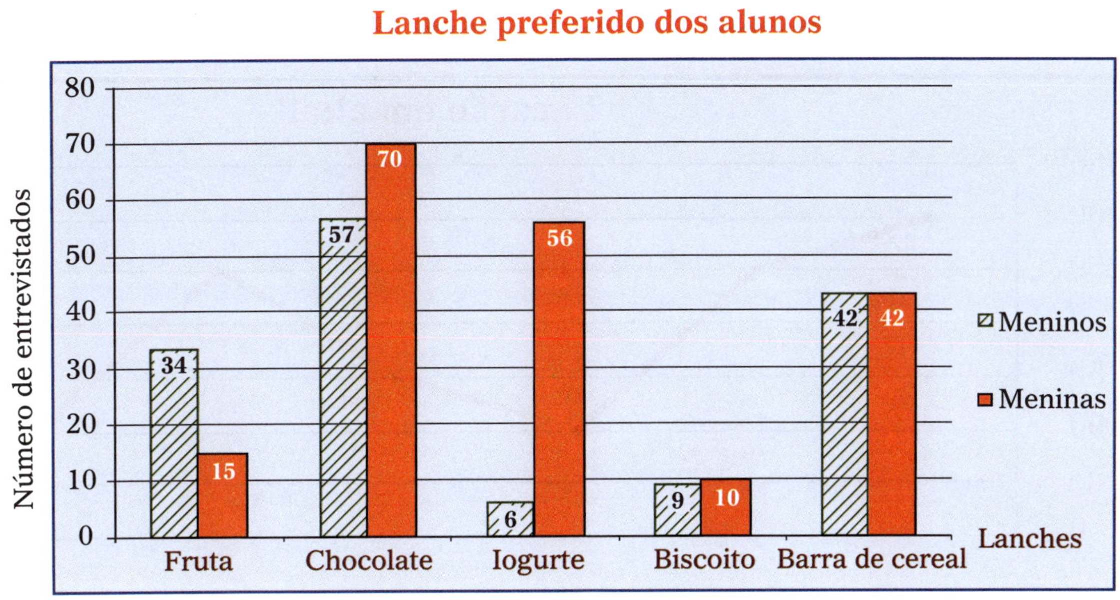

Fonte: Dados Fictícios

a) Qual é o lanche que os meninos menos gostam?

Resposta: ______________________________

b) Qual é o lanche que as meninas menos gostam?

Resposta: ______________________________

c) Qual é o lanche mais preferido por meninos e meninas?

Resposta: ______________________________

d) Qual lanche teve a mesma quantidade de preferência entre meninos e meninas?

Resposta: ______________________________

e) Quantos alunos foram entrevistados?

Resposta: ______________________________

180 O filme *Frozen* foi um grande sucesso e já foi visto no cinema por crianças e adultos de várias partes do mundo. Há também uma grande procura nas locadoras. Fábio adora esse filme e já o alugou algumas vezes. Veja o gráfico de locações no bairro onde Fábio mora:

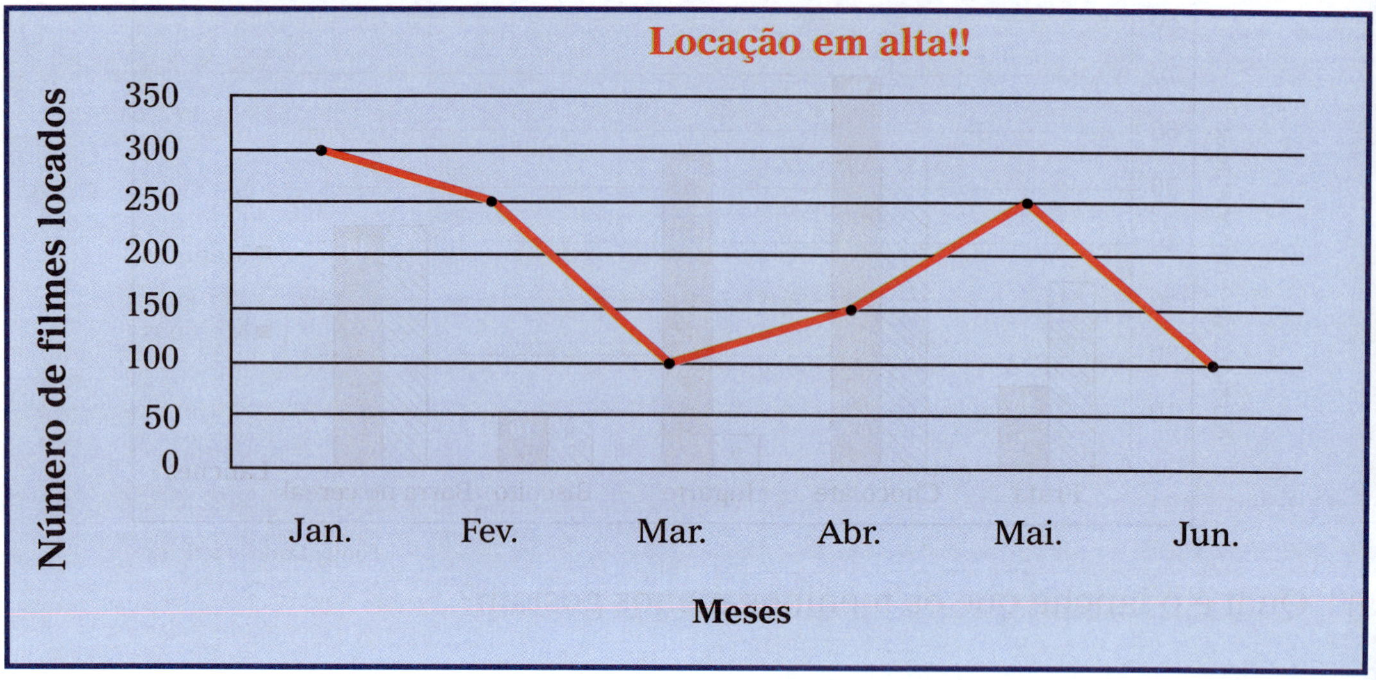

Fonte: Dados Fictícios

De acordo com as informações do gráfico, coloque **C** para as frases corretas e **I** para as frases incorretas:

( ) No mês de março, houve 100 locações do filme.

( ) O mês de janeiro é o que teve menor número de locações.

( ) No mês de maio, houve mais locações que no mês de janeiro.

( ) Em maio, houve cem locações a mais que no mês de abril.

( ) O número de locações no mês de abril é a metade do número de locações no mês de janeiro.

181 Paula, seu marido e suas três filhas pequenas foram ao cinema. Eles resolveram assistir ao filme na sala VIP, que é mais luxuosa e possui poltronas mais confortáveis. O preço do ingresso para adulto é 64 reais e crianças pagam meia-entrada. Quanto Paula gastará, ao todo, com a compra dos ingressos?

Resposta: ____________________

182 Para controlar o que ganha e o que gasta na papelaria **Papel Mágico**, o proprietário anotou a quantia em dinheiro das vendas e das despesas da loja durante três dias da semana.

Observe a tabela abaixo para responder às questões a seguir:

Dias da semana	Vendas (o que recebeu em dinheiro)	Despesas (o que gastou em dinheiro)
Segunda-feira	690 reais	400 reais
Terça-feira	400 reais	150 reais
Quarta-feira	750 reais	390 reais

a) Qual é o total das vendas da loja nesses três dias?

Resposta: ______________________________

b) Qual é o total das despesas da loja nesses três dias?

Resposta: ______________________________

c) Qual é a diferença em reais entre as vendas e as despesas da loja?

Resposta: ______________________________

183 Durante o mês de fevereiro de 2015, os funcionários de uma escola realizaram uma pesquisa. Eles anotaram os gêneros dos livros que mais foram emprestados para crianças de 9 e 10 anos. Observe o gráfico e responda às questões:

Obs.: Dados fictícios

a) Qual gênero de livro foi o mais emprestado para as crianças?

Resposta: ______

b) Qual gênero foi o menos emprestado?

Resposta: ______

c) Quantos livros de fábulas foram emprestados?

Resposta: ______

d) Ao todo, quantos livros de contos de fada e lendas foram emprestados?

Resposta: ______

e) Quantos livros de fábulas foram emprestados a mais que livros de poesia?

Resposta: ______

184 Observe o gráfico que mostra os sabores dos sucos mais vendidos no supermercado.

Você gosta de suco?

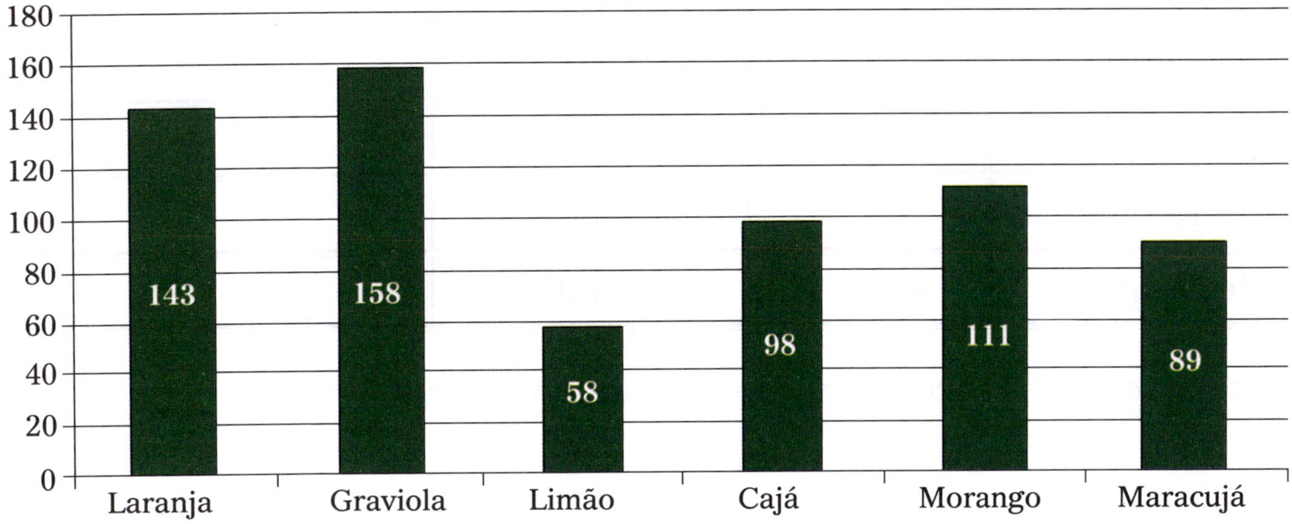

Fonte: Dados fictícios

a) No total, quantos sucos foram vendidos no supermercado?

Resposta: ____________________

b) Qual é a diferença entre a venda do suco de graviola e a do suco de maracujá?

Resposta: ____________________

185 O pet shop de Fernando tem grande movimento nos fins de semana. Veja como foram as vendas de ração para cães no último sábado.

Produto	Quantidade vendida	Preço por saco (em reais)	Valor recebido pela venda (em reais)
Saco de 1 quilo	8	30	
Saco de 5 quilos	3	150	
Saco de 15 quilos	2	450	
Saco de 20 quilos	4	600	

a) No total, quantos sacos de ração Fernando vendeu?

Resposta: ____________________

b) Preencha a última coluna da tabela calculando o valor recebido por Fernando com a venda de cada produto.

Resposta: ____________________

c) No total, quanto Fernando recebeu pela venda de ração?

Resposta: ____________________

186 A ONG **SOS Mata Atlântica**, fez um gráfico para comparar a quantidade de algumas espécies de árvores plantadas no Parque Água Branca e no Horto Florestal.

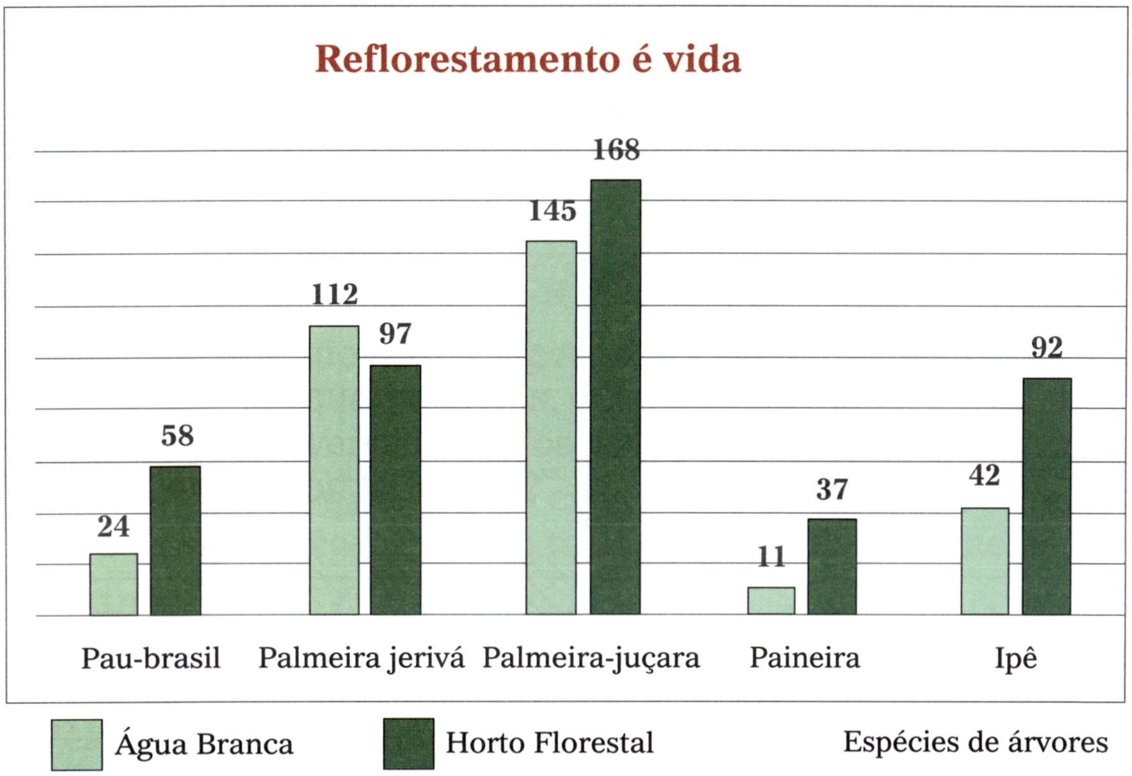

Fonte: Dados fictícios para fins pedagógicos

Agora, com os dados do gráfico, responda às questões:

a) Qual a espécie de árvore mais plantada nos parques? ____________________

____

b) Qual a quantidade total de Palmeiras jerivás plantadas nos parques?

____

c) Qual foi a espécie de árvore menos plantada nos parques? ________________

____

d) Qual a diferença entre a espécie Palmeira-juçara plantadas nos parques Água Branca e Horto Florestal? ____________________________

e) Qual é o total de árvores plantadas no Horto Florestal? ______________________

____

f) Em qual parque foram plantadas mais árvores? ______________________

____

g) Faça uma coleta de dados escolhida pelo seu grupo. Construa um gráfico com os dados coletados.

h) Crie uma questão a partir do gráfico elaborado. ______________________

____

____

____

PROBLEMAS

DICAS PARA RESOLVER AS SITUAÇÕES-PROBLEMA

- ler a situação-problema com atenção imaginando a "história";
- identificar e grifar informações importantes e necessárias para resolver a situação-problema;
- destacar a pergunta e ler com atenção;
- ficar atento ao copiar os números;
- cuidar do traçado do número, mantendo-o regular e legível;
- organizar o algoritmo, colocando número embaixo de número, de acordo com sua ordem;
- registrar a reserva / troca de forma organizada e legível nos algoritmos;
- revisar seus cálculos;
- responder de forma completa;
- estudar a tabuada diariamente e memorizá-la.

187 Ana tem 34 anos, é casada e trabalha em um colégio. Para o início do ano, separou igualmente as cartolinas da sala de Artes em 5 prateleiras de acordo com a tonalidade delas. Depois, organizou as tintas e os pincéis. Se cada prateleira ficou com 129 cartolinas, quantas cartolinas existem na sala de Artes?

Resposta: ______________________________

188 Leo tem em uma distribuidora de água. No início da semana, havia 546 galões de água no depósito da distribuidora. Durante a semana, foram vendidos 278 galões e chegaram mais 143. Quantos galões havia no depósito da distribuidora no final da semana?

Resposta: ________________________________

189 A professora Carmelia comprou um pacote com 545 bombons. Deu 125 bombons para seus alunos na segunda-feira e 235 bombons na terça-feira. Com quantos bombons Carmelia ficou?

Resposta: ________________________________

190 Em um depósito, havia 1 794 latas de tinta. Foram retiradas 75 e as restantes serão distribuídas igualmente entre 9 prateleiras. Quantas latas de tinta serão colocadas em cada prateleira?

Resposta: ________________________________

191 Para comprar três jogos de videogame, Gabriela contribuiu com 226 reais; e seu primo Pedro, com 128 reais. Como todos os jogos tinham o mesmo preço, quanto custou cada um?

Resposta: ______________________________

192 Para a festa das crianças, o professor Ricardo comprou 6 pacotes com 189 pirulitos em cada um. Depois, comprou mais 7 pacotes com 178 pirulitos. Quantos pirulitos, ao todo, ele comprou?

Resposta: ______________________________

193 Na papelaria da escola em que Gabriela estuda, havia 756 cadernos no estoque. Chegaram 237 cadernos novos e foram vendidos 389. Quantos cadernos ficaram no estoque da papelaria?

Resposta: ______________________________

194 As poltronas da área VIP de um teatro estão arrumadas em 8 filas com 6 poltronas em cada uma. Em uma apresentação musical, ficaram vazias 5 poltronas. Quantas pessoas estavam na área VIP do teatro nessa apresentação?

Resposta: ______________________________

195 Teo e Luca foram a uma lanchonete. Eles gastaram 18 reais em refrigerantes, 57 reais em hambúrgueres e 25 reais em sorvetes. Eles decidiram dividir o gasto igualmente entre eles. Quanto cada um gastou na lanchonete?

Resposta: ______________________________

196 No final de uma festa de aniversário, sobraram 123 coxinhas, 345 bolinhas de queijo e 561 quibes. A dona da festa decidiu guardar todos os salgadinhos em três potes, colocando a mesma quantidade em cada um. Quantos salgadinhos ficaram em cada pote?

Resposta: ______________________________

197 André tem uma floricultura. Ele separou 3 670 flores para decorar uma festa de casamento. No dia seguinte, percebeu que 277 rosas estavam estragadas e não poderiam ser usadas. Então, escolheu mais 358 margaridas e montou uma linda decoração. Quantas flores André usou para decorar a festa?

Resposta: ____

198 Para a festa de encerramento do 5º ano, o professor de Educação Física organizou os 172 alunos em grupos de 9 alunos cada um. Cada grupo fez uma apresentação diferente.

a) Quantos grupos de 9 alunos foram formados?

Resposta: ____

b) O que você acha que o professor fez com o aluno que sobrou após a organização dos grupos?

Resposta: ____

199 No sítio da Cristiana, foram colhidas 2 567 espigas de milho. Foram retiradas 138 que estavam estragadas. O restante foi distribuído igualmente entre 7 quitandas. Quantas espigas de milho cada quitanda recebeu?

Resposta: ___

200 Joana e sua mãe foram à livraria. Joana comprou uma coleção com 6 livros. Cada livro custou 78 reais. A mãe de Joana foi até a seção de mistério e comprou um livro por 106 reais.

a) Qual foi o valor pago, ao todo, pelos 7 livros?

Resposta: ___

b) A mãe de Joana deu 600 para pagar os livros. Sobrou dinheiro? Quanto?

Resposta: ___

c) Quanto a mãe de Joana gastaria se comprasse 8 livros de mistério?

Resposta: ___

201 Lavínia e Luiza moram em uma chácara. Chegou a época da colheita e, ao longo da semana, Lavínia colheu 2 498 mexericas. Luiza só conseguiu colher a metade da quantidade de mexericas que Lavínia colheu. Quantas mexericas as duas colheram juntas?

Resposta: ______________________________

202 Denise tem um mercado. Comprou 268 caixas com 8 canecas em cada uma. Ela já recebeu 816 canecas. Quantas canecas ainda devem chegar?

Resposta: ______________________________

203 Paola é a secretária do diretor de um colégio. Neste ano, o colégio enviará um cartão de boas-vindas para cada aluno. Paola precisa separar igualmente 546 cartões em 6 envelopes para que sejam enviados ao correio. Quantos cartões ela precisará colocar em cada envelope?

Resposta: ______________________________

204 O supermercado "Preço Bom" tem, em seu estoque, 2 376 caixas de leite. Na segunda-feira, foram vendidas 884 caixas e chegaram mais 1 062. Quantas caixas de leite o supermercado possui no final da segunda-feira?

Resposta: ______________________________

205 Dona Júlia faz doces e salgados. Ela precisa entregar uma encomenda de cupcakes de brigadeiro até sexta-feira. São 7 caixas com 108 cupcakes em cada uma. Quantos cupcakes de brigadeiro ela precisará fazer?

Resposta: ______________________________

206 Paulo trabalha em uma distribuidora de água. No início da semana, havia 756 galões de água no depósito. Durante a semana, foram vendidos 589 galões e chegaram 312 novos. Quantos galões havia no depósito da distribuidora ao final da semana?

Resposta: ______________________________

207 Laís adora histórias de aventuras. Até hoje, ela já leu 128 livros diferentes desse gênero. Hoje, ela está organizando os livros que já leu e vai distribuí-los igualmente entre duas prateleiras da estante do seu quarto. Quantos livros colocará em cada prateleira?

Resposta: ______________________________

---

208 Gabriel é dono de duas barracas, nas quais ele vende coco verde. Sábado, foram vendidos 1 374 cocos em uma barraca e 963 na outra.

a) Quantos cocos foram vendidos nas barracas de Gabriel nesse sábado?

Resposta: ______________________________

b) Sabendo-se que, no domingo, foram vendidos 108 cocos a menos que no sábado, qual foi a quantidade de cocos vendida no domingo?

Resposta: ______________________________

209 A vaca Malhada produz 54 litros de leite por dia. Com esse leite, fabricam-se 6 queijos. Após 9 dias, quantos litros de leite Malhada terá produzido? E quantos queijos serão produzidos nesse período?

Resposta: ______________________________

210 Felipe comprou um carro seminovo. Ele deu R$ 5 000,00 de entrada e o restante pagará em 8 prestações iguais de R$ 1 225,00. Quanto Felipe vai pagar pelo carro?

Resposta: ____

211 Em uma loja de eletroeletrônicos, alguns produtos podem ser comprados à vista ou a prazo. Observe o preço de uma televisão de LED 3D.

À vista	A prazo
R$ 3 099,00	**R$ 4 200,00**

a) De quanto é a diferença entre o preço à vista e o a prazo?

Resposta: ____

b) Joana resolveu comprar a televisão a prazo. Deu uma entrada de R$ 1 500,00 e o restante parcelou em 4 prestações. Qual é o valor de cada prestação?

Resposta: ____

212 Qual é o resultado de uma divisão que tem o número 7 como divisor e o 4 256 como dividendo?

Resposta: ____________________

213 No final do 1º tempo de uma partida de futebol, 4 719 torcedores do time Vitória foram embora do estádio, pois a equipe perdia por quatro a zero. Restaram 6 208 torcedores do Vitória no estádio, que assistiram a uma espetacular reação da equipe, que venceu o jogo. Quantos torcedores do Vitória estavam no estádio no início da partida?

Resposta: ____________________

214 Seu Arthur faz o transporte de alunos de um colégio em Valinhos. Ele transporta diariamente 9 crianças. O valor pago, por mês, por cada uma é de 455 reais. Quantos reais seu Arthur arrecada com o transporte desses alunos?

Resposta: ______________________________

215 Fernando comprou 2 630 pisos para cobrir o chão da churrasqueira e da piscina de sua chácara. Ele usou 826 pisos na churrasqueira e, depois de recobrir a piscina, sobraram 87 pisos.

a) Quantos pisos sobraram depois de Fernando cobrir o chão da churrasqueira?

Resposta: ______________________________

b) Quantos pisos ele usou na piscina de sua chácara?

Resposta: ______________________________

216 Teco é fazendeiro. Em sua fazenda, há 2 430 cabeças de boi e 985 ovelhas. Quantas patas, ao todo, existem na fazenda de Teco?

Resposta: ____

217 Em um jogo de vôlei, estavam presentes 8 569 torcedores do Palmira. Como havia 12 874 pessoas no ginásio, quantos não torciam pelo Palmira?

Resposta: ____

218 Uma fábrica de tesouras produziu em um dia 6 996 tesouras. Vendeu metade dessa produção e guardou no depósito a outra parte, que foi dividida igualmente em 6 caixas. Quantas tesouras ficaram em cada caixa?

Resposta: ____

219 Um ar-condicionado cujo preço é R$ 4 290,00 está sendo vendido pelo seguinte plano de pagamento: entrada de R$ 1 545,00 e o restante em 3 prestações iguais. Qual é o valor de cada prestação?

Resposta: ____

---

220 Para a festa junina de um condomínio, foram compradas 9 caixas com 24 garrafas de refrigerantes em cada uma. Ao transportar as caixas, quebraram-se 8 garrafas. As restantes foram distribuídas entre 4 barracas da festa. Quantas garrafas cada barraca recebeu?

Resposta: ____

221 Bruno convidou seus quatro amigos para passarem o dia com ele em um parque aquático chamado Pool Park. O ingresso individual custa R$ 96,00.

a) Quanto eles gastariam, ao todo, com a compra de todos os ingressos?

Resposta: ______________________________

b) No parque, havia a seguinte promoção: se a pessoa comprasse 4 ingressos, o quinto sairia pela metade do preço. Quanto eles gastariam utilizando essa promoção?

Resposta: ______________________________

c) Resolveram comprar a promoção pela internet. Deram R$ 120,00 de entrada e parcelaram o restante em 3 prestações iguais. Qual será o valor de cada prestação?

Resposta: ______________________________

222 Leonardo comprou uma bicicleta por R$ 2 248,00 e um patinete motorizado por R$ 3 200,00. Na hora de pagar, dividiu o valor total em 8 prestações iguais. Qual é o valor de cada prestação?

Resposta: ______________________

223 Nas férias de julho, João, sua esposa e seus 4 filhos viajaram para o Rio de Janeiro. Gastaram R$ 4 962,00 com a hospedagem e R$ 2 868,00 com as passagens aéreas. Qual foi o valor total gasto por cada pessoa nessa viagem?

Resposta: ______________________

224 Marcela comprou um celular do último modelo. Deu de entrada R$ 1 230,00 e pagou o restante em 12 prestações iguais de R$ 218,00. Qual foi o valor total pago?

Resposta: ______________________

225 As poltronas da área *VIP* de um teatro estão arrumadas em 6 filas com 16 poltronas em cada uma. Em uma apresentação teatral, ficaram vazias 19 poltronas. Quantas pessoas estavam na área *VIP* do teatro nessa apresentação?

Resposta: ______________________________

226 Para comprar três jogos de games, Rafael contribuiu com R$ 238,00 e Enzo com R$ 263,00. Como todos os jogos tinham o mesmo preço, quanto custou cada jogo?

Resposta: ______________________________

227 Hilário é dono de uma banca de flores. Ele foi contratado por uma amiga para decorar com flores a igreja no dia de seu casamento. Para isso, comprou 1 125 flores. No dia seguinte, percebeu que 87 rosas estavam estragadas e não poderia usá-las. Comprou mais 125 margaridas para preparar uma linda decoração. Quantas flores Hilário usou para decorar a igreja?

Resposta: ______________________________

228 Rose e Anita moram em uma chácara onde praticam a agricultura. Chegou a época da colheita. Ao longo da semana, Rose colheu 2 498 morangos. Anita só conseguiu colher a metade da quantidade de morangos que Rose colheu. Quantos morangos as duas colheram ao todo?

Resposta: ______

229 Frederico queria comprar um skate novo, mas não possuía todo o dinheiro. O dono da loja lhe ofereceu uma forma especial de pagamento. Ele poderia pagar a quantia de 85 reais de entrada e dividir o valor restante em 4 parcelas iguais de R$ 65,00. Frederico concordou. Ele fez os cálculos e viu que dessa maneira conseguiria pagar pela compra. Quanto custou o skate?

Resposta: ______

230 Amanda fará um curso que tem 8 semestres de duração. Quantos anos demorará para terminar o curso?

Resposta: ______________________________

231 Maria Lúcia fez uma dieta alimentar durante 3 trimestres. Quantas semanas a dieta durou?

Resposta: ______________________________

232 D. Pedro II, imperador do Brasil, faleceu em 1891 com 66 anos de idade. Em que ano ele nasceu? E sua mãe, que era 23 anos mais velha do que ele?

Resposta: ______________________________

233 Fernando vende dois tipos de churros numa barraquinha de praia: doce de leite e nutella. Com o feriado do carnaval, muitas pessoas viajaram para lá e, por isso, ele vendeu muitos churros. Veja, na tabela abaixo, as vendas que ele fez:

Sabores	Quinta-feira	Sexta-feira	Sábado	Domingo
Doce de leite	80	152	205	156
Nutella	135	103	289	194

Observando a tabela, responda:

a) Em qual dia Fernando vendeu mais churros de doce de leite? ______

b) Quantos churros ele vendeu ao todo no domingo? ______

c) Na quinta-feira, quantos churros de Nutella ele vendeu a mais que de doce de leite?

Resposta: ______

234 Em 2014, um condomínio passou por um grande problema de vazamento de água, devido ao rompimento de um cano. A conta do mês de outubro foi de R$ 5 312,00 e a do mês de novembro foi de R$ 3 904,00. Resolveram dividir o total dessas contas em 8 parcelas iguais. Qual foi o valor de cada parcela?

Resposta: ______

235 Ontem uma agência de correios tinha 2 864 correspondências para entregar durante todo dia. Até o meio-dia, os carteiros já haviam entregado a metade das correspondências. Quantas ainda deveriam ser entregues no período da tarde?

Resposta: ______________________________

236 Felpo construiu uma toca nova para ele e Charlô porque tiveram muitos filhotes. Comprou 2 300 tijolos. Usou 850 tijolos para construir uma grande sala e o restante dividiu igualmente em 5 partes para construir os quartos para os filhotes. Quantos tijolos foram usados para construir cada quarto?

Resposta: ______________________________

237 Felpo resolveu organizar seus poemas em 5 pastas. Ao final, percebeu que colocou 142 poemas em cada pasta. Qual é o número total de poemas de Felpo?

Resposta: ______________________________

---

238 Depois que se casaram, Felpo e Charlô perceberam que tinham muitos livros. Decidiram comprar 3 novas estantes para organizarem uma "Biblioteca Pessoal da Família Filva". Felpo contribuiu com 243 reais e Charlô, com 153 reais. Como as estantes tinham o mesmo preço, quanto custou cada uma?

Resposta: ______________________________

239 Júlia é estudante do Porto Seguro e voluntária na **WWF- Brasil**. Ela tem uma reunião marcada pela manhã na sede em São Paulo. Veja o trajeto que Júlia percorrerá de Uber até chegar à Avenida Nove de Julho.

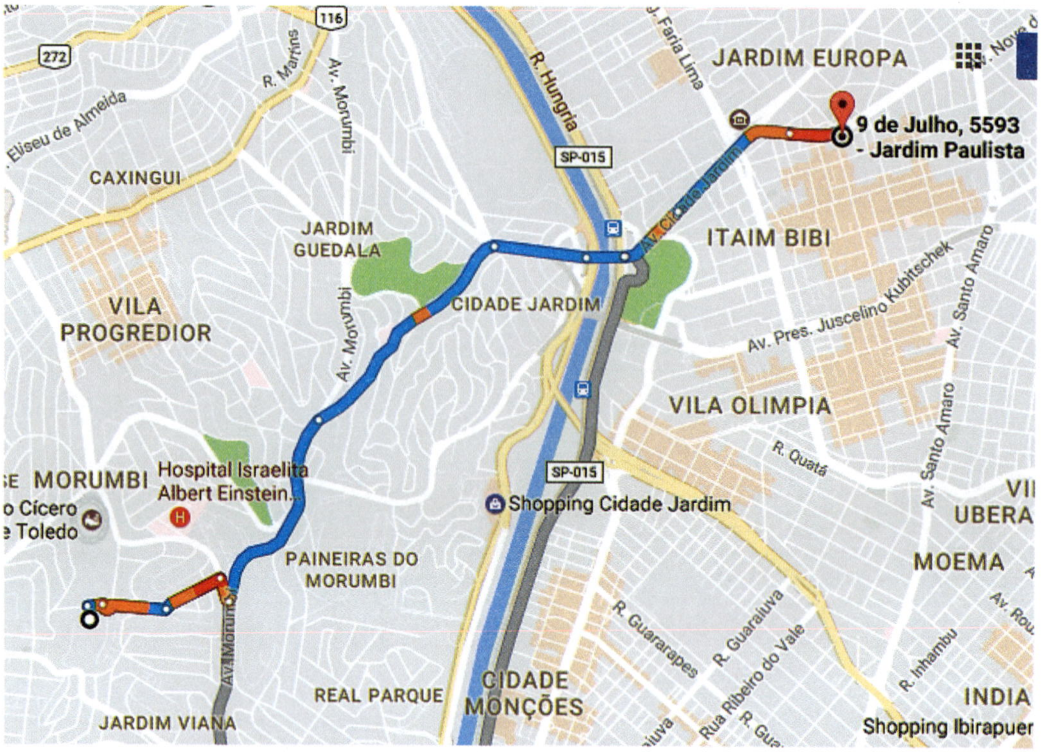

a) Geralmente, o trajeto percorrido demora cerca de 35 minutos, mas, hoje, houve um acidente na altura da Ponte Cidade Jardim, fazendo com que o trajeto demorasse uma hora. Quanto tempo Júlia levou a mais para chegar à sede do WWF?

Resposta: ______________________________

b) O preço da corrida no Uber foi de 37 reais na ida e de 25 reais na volta. Júlia havia separado 100 reais para pagar as corridas. O dinheiro foi suficiente e Júlia ainda contou com o troco. Quanto Júlia ainda tem em dinheiro?

Resposta: ______________________________

240 Sabendo que os alunos do 4º ano organizaram uma corrida de bicicleta que consistia em dar 9 voltas em uma pista de 850 metros, responda:

a) Quantos metros percorreram aqueles que terminaram a prova?

Resposta: ______

b) Quando Rodrigo, um dos alunos, completou a 3ª volta, sua bicicleta quebrou. Quantos metros ele deixou de percorrer?

Resposta: ______

---

241 Fazendo seus exercícios diários, Paulo correu 6 545 metros na sexta-feira. No sábado, correu 2 875 metros a mais que na sexta-feira e, no domingo, 1 quilômetro e meio a menos que no sábado.

Agora, responda:

a) Quantos metros o atleta correu no domingo?

b) Quantos metros o atleta correu, ao todo, nos 3 dias?

Resposta: ______

242 No dia da festa junina da escola, a barraca da pescaria fez muito sucesso e arrecadou 5 452 reais no período da manhã e 9 454 reais no período da tarde. Do total arrecadado, a metade foi enviada para ajudar um asilo que cuida de idosos necessitados. Quantos reais o asilo recebeu?

Resposta: ______________________________

243 Ainda para a festa junina, a escola comprou diversos doces típicos. O valor total desses doces seria de 2 640 reais à vista ou, pagando a prazo, 4 parcelas de 684 reais. Qual é a diferença entre o pagamento à vista e o pagamento a prazo?

Resposta: ______________________________

244 Ana Maria é doceira. Ela fez para uma festa de casamento 4 000 brigadeiros. Para guardá-los igualmente em caixas, ela pensou em algumas possibilidades.

Assinale com um **X** as alternativas que trazem corretamente as possibilidades para distribuir igualmente todos os brigadeiros em caixas.

( ) 3 caixas com 900 brigadeiros em cada uma.

( ) 5 caixas com 800 brigadeiros em cada uma.

( ) 20 caixas com 200 brigadeiros em cada uma.

( ) 2 caixas com 1 500 brigadeiros em cada uma.

( ) 4 caixas com 1 000 brigadeiros em cada uma.

245 A diferença entre a idade de Camila e a idade de sua avó é de 58 anos. A avó tem 66 anos. Qual é a idade de Pietro, irmão de Camila, sabendo que ele é 3 anos mais velho que a irmã?

Resposta: ______________________________

---

246 Na Editora Saber, já foram embaladas 1 226 caixas de livros de Matemática, 751 caixas de livros de Ciências e 512 caixas de livros de História. Do total de livros, já foram vendidas 1 813 caixas.

a) Quantas caixas de livros sobraram na editora?

Resposta: ______________________________

b) Se, em cada caixa, há 12 livros, quantos livros de **Ciências** há no total?

Resposta: ______________________________

247 Uma apresentação de dança teve início às 20h30min. Sabendo que essa apresentação teve duração de 125 minutos, qual seria o tempo dela em horas e minutos?

( ) 2h15min ( ) 1h25min ( ) 2h05min ( ) 1h45min

---

248 Um apaixonado por games Pokémon fez a pesquisa abaixo para completar sua coleção:

Pokémon How-to-draw
R$ 67,00

Pokémon Black and White
R$ 133,00

Arena Batalha Eletrônica
R$ 520,00

a) Quantos reais o colecionador irá gastar, ao todo, se comprar 2 unidades do Pokémon How to Draw, 3 unidades do Pokémon Black and White e uma unidade da Arena de Batalha Eletrônica?

Resposta: ____________________

b) O vendedor ofereceu um desconto de R$ 132,00 no valor total da compra e pagamento em 3 parcelas iguais. Se aceitar essa proposta de compra, qual será o valor de cada parcela?

Resposta: ____________________

249 O colégio de Camila fez uma campanha para arrecadar roupas para doação. Foram arrecadadas 1 955 peças de roupa, que serão repartidas igualmente entre 5 instituições de caridade. Quantas peças de roupa cada instituição receberá?

Resposta: ____________________

---

250 André ganhou vários envelopes de figurinhas do álbum do Brasileirão. Abrindo três desses envelopes, ele contou 18 figurinhas e, depois de abrir todos os envelopes que ganhou ele verificou que havia um total de 54. Sabendo-se que em todos os envelopes havia a mesma quantidade de figurinhas, pode-se dizer que André ganhou:

(   ) 4 envelopes.

(   ) 6 envelopes.

(   ) 8 envelopes.

(   ) 9 envelopes.

---

251 Marcela tem uma coleção com 2 875 selos coloridos e 1 754 selos em preto e branco. Ela resolveu guardá-los em 7 pastas com a mesma quantidade. Quantos selos ficaram em cada pasta? Sobraram selos fora da pasta? Quantos?

Resposta: ____________________

252 Larissa tem uma sacola com 1 200 lacres de latinhas de refrigerante para doar. A sacola abriu e ela perdeu 78 lacres. Os que sobraram dentro da sacola foram divididos igualmente em duas caixas para a doação. Quantos lacres ficaram em cada caixa?

Resposta: ______________________________

253 Bruno precisa chegar ao médico às 16h. Saiu de sua casa às 15h30min, mas atrasou-se e chegou às 16h15min. Quanto tempo Bruno levou para chegar ao médico? Quantos minutos ele chegou atrasado?

Resposta: ______________________________

254 Leonardo comprou uma máquina fotográfica nas seguintes condições: pagou 350 reais no ato da compra e o restante em 4 prestações iguais de 194 reais. Qual foi o valor total da máquina fotográfica?

Resposta: ______________________________

255 Seu José é pedreiro e está construindo um muro. Ele recebeu 7 carregamentos iguais de 865 tijolos e espera receber ainda mais 2 350, que serão usados nessa construção. Quantos tijolos serão usados para construir esse muro?

Resposta: ______________________________

256 A sala de cinema do Shopping Anabela possui 327 lugares. O preço de cada ingresso, às quartas-feiras, é de R$ 17,00 à tarde e R$ 25,00 à noite. Nesse dia, foram vendidos todos os ingressos das duas sessões. Quanto o cinema arrecadou nesse dia?

Resposta: ______________________________

257 A turma da Maíra resolveu juntar suas coleções de gibi para formar uma gibiteca. Conseguiram 2 172 gibis. Desses, 546 eram repetidos e foram distribuídos igualmente para 7 creches.

a) Quantos gibis cada creche recebeu?

Resposta: ______________________________

b) Depois de 2 meses, a turma conseguiu arrecadar mais 198 gibis. Quantos gibis ficaram na gibiteca?

Resposta: ______________________________

258 Uma classe do 4º ano tem 33 alunos. Cada um deles precisará de uma dúzia de folhas sulfite para montar o portfólio do projeto da série. A professora reservou 3 pacotes com uma centena de folhas em cada um. As folhas que a professora reservou serão suficientes para todos os seus alunos? Por quê?

Resposta: ______________________________

259 DESAFIO: Helena é uma aluna do 4º ano e elaborou um desafio para o seu colega Matheus: "Eu sou 5 anos mais nova que minha irmã Andréa. Ela nasceu em 2003. Em que ano eu nasci e qual é a minha idade?".

Resposta: ______________________________

260 Júlia comprou uma mesa nova para a sala de sua casa por R$ 4 725,00. Também comprou seis cadeiras por R$ 375,00 cada. Ela parcelou o valor total de sua compra em 9 prestações iguais. Qual foi o valor de cada prestação?

Resposta: ______________________________

261 Fernando comprou um sofá. Deu R$ 1 269,00 de entrada e o restante pagou em 12 prestações iguais de R$ 98,00. Qual foi o valor total pago?

Resposta: ____________________

---

262 Mariana comprou uma camiseta por R$ 143,00 e uma bermuda por R$169,00. Ela pagou com duas notas de R$100,00, duas notas de R$ 50,00 e uma nota de R$ 20,00. Quanto ela recebeu de troco?

Resposta: ____________________

---

263 Carlos tem uma banca de legumes e verduras na feira. Para facilitar sua organização, precisa distribuir igualmente 510 tomates em 6 caixotes de madeira. Quantos tomates Carlos colocará em cada caixote?

Resposta: ____________________

264 (Saresp) Na tabela abaixo, anota-se a quantidade de pessoas que entram em certo edifício a cada hora. Observe que a tabela está incompleta:

Número de pessoas que entram no edifício	
Hora	Número de pessoas
1ª	147
2ª	
3ª	95
4ª	311
Total	632

Qual o número de pessoas que entraram no edifício na 2ª hora?

( ) 31 pessoas.
( ) 79 pessoas.
( ) 69 pessoas.
( ) 169 pessoas.

265 Janaina faz brinquedos artesanais que podem custar R$ 23,00 ou R$ 38,00. Observe a tabela que mostra as vendas de Janaina no mês de julho.

Vendas de Brinquedos Artesanais	
Tipo de Brinquedo	**Quantidade Vendida**
Brinquedos de R$ 23,00	209
Brinquedos de R$ 38,00	126

Agora, responda as perguntas:

a) Quantos reais Janaina arrecadou com a venda dos brinquedos de R$ 23,00?

b) Quantos reais Janaina arrecadou com a venda dos brinquedos de R$ 38,00?

c) Quantos reais ela arrecadou, ao todo, no mês de julho?

266 João, Francisco e Joaquim foram a uma loja de brinquedos. João levou R$ 76,00, Francisco levou R$ 52,00, e Joaquim levou R$ 100,00. Cada um deles comprou uma bola de R$ 38,00.

Com base nessas informações, coloque C para as frases corretas e I para as frases incorretas.

( ) Todos podem comprar outra bola.

( ) Apenas João pode comprar outra bola.

( ) João e Joaquim podem comprar outra bola.

( ) Joaquim poderá comprar outra bola e receberá R$ 24,00 de troco.

( ) O troco de Joaquim é maior do que o dos outros meninos.

( ) Se os três meninos juntarem o dinheiro que possuem, os três poderão comprar outra bola e não sobrará troco.

---

267 Enumere as frases das situações-problema colocando-as em ordem e depois as resolva.

( ) Um condomínio tem 14 torres de apartamentos.

( ) Cada andar possui 4 apartamentos.

( ) Quantos apartamentos há nesse condomínio?

( ) Em cada torre há 16 andares.

---

268 Em um depósito, havia 1 794 latas de óleo. Foram retiradas 75. As restantes serão distribuídas igualmente entre 9 mercearias. Quantas latas de óleo cada mercearia receberá?

Resposta: ______________________________

269 Manuela adora ler e sempre passa horas nas livrarias escolhendo bons livros. Na semana passada, ela comprou uma coleção contendo 5 livros que há tempos queria. Pagou por todos eles o valor de R$ 435,00. Sabendo-se que cada livro tem o mesmo valor, quantos reais custou cada um?

Resposta: ______________________________

---

270 Para a festa das crianças, o professor Ricardo comprou 6 pacotes com 189 pirulitos em cada um. Depois, comprou mais 7 pacotes com 178 pirulitos. Quantos pirulitos, ao todo, ele comprou?

Resposta: ______________________________

---

271 Em uma propriedade rural, havia 1 842 pés de alface. Foram retirados 302 porque estavam estragados. Os restantes foram distribuídos igualmente entre 7 quitandas. Quantos pés de alface cada quitanda recebeu?

Resposta: ______________________________

272 Meu pai recebeu R$ 725,00 por um serviço que fez. Com esse dinheiro, ele pagou R$ 380,00 a um de seus empregados. Quantos reais sobraram do valor que ele recebeu?

Resposta: ______________________________

273 Lia trabalha em uma editora de livros. Ao organizar o depósito, encontrou 7 caixas com 345 livros em cada uma. Também encontrou 139 livros espalhados em uma prateleira. Ao todo, quantos livros Lia encontrou?

Resposta: ______________________________

274 No final de uma festa de casamento, sobraram 345 coxinhas, 123 bolinhas de queijo e 651 quibes. O chefe de cozinha decidiu guardar todos os salgadinhos em três caixas, com a mesma quantidade em cada um. Quantos salgadinhos ele colocou em cada caixa?

Resposta: ______________________________

275 Enumere as frases das situações-problema colocando-as em ordem e depois as resolva.

( ) O Estádio do Morumbi tem capacidade para 72 426 lugares.

( ) Quantos lugares ficaram vazios?

( ) Quantos reais foram arrecadados nesse dia?

( ) Para uma partida de futebol, foram vendidos 32 397 lugares.

( ) Cada ingresso foi vendido a 23 reais.

276 Lúcia e sua mãe foram à Livraria Leia Bem. Lúcia comprou uma coleção com 5 livros. Cada livro custou R$ 87,00. A mãe de Lúcia foi até a seção de culinária e comprou um livro de receitas de doces por R$ 136,00.

a) Qual foi o valor pago, ao todo, pelos 6 livros?

Resposta: ______________________________

b) A mãe de Lúcia deu R$ 700,00 para pagar os livros. Sobrou dinheiro? Quanto?

Resposta: ______________________________

c) Quanto a mãe de Lúcia gastaria se comprasse 8 livros de receitas de doces?

Resposta: ______________________________

277 Camila é dentista e comprou, pela internet, 382 caixas com 8 escovas de dente em cada uma. Ela já recebeu 918 escovas. Quantas escovas ainda devem chegar?

Resposta: ______________________________

---

278 Uma loja de artigos esportivos fez uma grande promoção e baixou os preços de alguns produtos. Veja só:

Antes, a mochila custava R$ 95,00. Agora, o preço diminuiu e ela custa R$ 78,00. O preço baixou R$ 17,00! Observe os preços dos produtos abaixo e calcule quanto cada um baixou.

De: R$ 350,00 **Por:** R$ 186,00 	**De:** R$ 174,00 **Por:** R$ 129,00 
R.:	R.:

---

279 Amanda comprou um jogo novo de sofás para a sala de sua casa por R$ 6 732,00. Ela parcelou o valor em 9 prestações iguais. Qual é o valor de cada prestação?

Resposta: ______________________________

280 Guilherme tinha uma quantia de dinheiro para comprar seu presente de aniversário. No dia do seu aniversário, ele ganhou R$ 150,00 de presente e juntou ao dinheiro que possuía. Guilherme ficou com R$ 275,00. Quantos reais ele tinha antes?

Resposta: ___

281 Teco foi ao mercado comprar alguns produtos que estavam faltando em sua casa. O valor da compra foi de R$ 243,00. Ele deu ao caixa uma nota de R$ 100,00, duas notas de R$ 50,00, três notas de R$ 10,00 e uma nota de R$ 20,00. Quantos reais Teco recebeu de troco?

Resposta: ___

282 Heloísa comprou uma máquina fotográfica por R$ 1 178,00 e uma filmadora por R$ 1 664,00. Na hora de pagar, dividiu o valor total em 7 prestações. Qual é o valor de cada prestação?

Resposta: ___

283 Na biblioteca de uma escola, há 7 prateleiras com 279 livros em cada uma. Foram emprestados 287 desses livros e devolvidos 149. Quantos livros ficaram na biblioteca?

Resposta: ______________________________

284 Marlene comprou uma mesa de jantar. Deu R$ 984,00 de entrada e o restante pagou em 12 prestações iguais de R$ 368,00. Qual foi o valor total pago?

Resposta: ______________________________

285 Angélica trabalha em uma fábrica de roupas femininas. Ao organizar o estoque, empilhou 4 caixas com 78 blusas em cada uma. Depois, trouxe mais 156 camisas, que também foram guardadas. No dia seguinte, o dono da fábrica levou a metade dessa quantidade de peças de roupa para uma loja. Quantas peças de roupa ele levou?

Resposta: ______________________________

286 Nas férias de julho, Márcio, sua esposa e suas 3 filhas viajaram para Buenos Aires. Gastaram R$ 2 873,00 com a hospedagem e R$ 3 142,00 com as passagens aéreas. Qual foi o valor total gasto por cada pessoa nessa viagem?

Resposta: ______________________________

287 Em uma rua de bairro de 900 metros, há 5 postes de iluminação. O primeiro poste fica bem no início da rua e o último, bem no fim dela. Qual é a distância entre cada um desses postes de iluminação?

Resposta: ______________________________

288 Thaís tem R$ 2 430,00 guardados em sua poupança. Seu irmão mais velho tem o dobro dessa quantia, e o irmão mais novo tem a metade da quantia de Thaís. Quantos reais tem o irmão mais velho? E o mais novo?

Resposta: ______________________________

289 Paula foi ao mercado com dez notas de dez reais. Comprou 3 quilos de filé de frango por R$ 14,00 o quilo, 2 caixas de suco de laranja por R$ 3,50 cada e uma torta doce por R$ 28,00. Paula precisava passar na farmácia para comprar um remédio que custa R$ 15,00.

A partir dessas informações, é possível afirmar que:

I – Paula conseguiu pagar todas as compras, mas faltou dinheiro para comprar o remédio.

II – Paula gastou R$ 77,00 nas compras, portanto, ainda sobrou dinheiro suficiente para comprar o remédio.

III – Paula gastou R$ 70,00 reais em comida e R$ 7,00 em bebida.

IV – Paula não tinha dinheiro suficiente nem para pagar as compras que fez.

a) As alternativas I e III estão corretas.

b) As alternativas III e IV estão corretas.

c) Apenas a alternativa I está correta.

d) As alternativas II e III estão corretas.

Resposta: ______________________________

290 Mariana tem o triplo da quantidade de adesivos de Lúcia, que tem a metade da quantidade de adesivos de Marcela. Sabendo que Marcela tem 246 adesivos, quantos adesivos tem cada uma das meninas? Quantos adesivos elas têm juntas?

Resposta: ____

291 Cristina quer comprar um jogo de malas composto de 3 malas. A menor custa R$ 60,00. A de tamanho médio custa o dobro do valor da menor; e a maior, o quádruplo do valor da menor. Qual é o valor de cada mala? Quanto custa o jogo todo?

Resposta: ____

292 Observe a imagem e marque com um X as frases verdadeiras:

(   ) Oito copos são suficientes para obter dois litros de água.

(   ) Dois copos de água não formam meio litro.

(   ) Uma garrafa e dois copos têm juntos 1 200 mL de água.

(   ) Duas garrafas e um copo têm juntos 2 200 mL de água.

(   ) São necessários 15 copos para obter 3 litros de água.

---

293 No dia do nascimento de Leonardo, suas três tias foram visitá-lo e levaram presentes. Uma delas foi às 9 horas; outra, às 14 horas; e a última, às 18 horas. Descubra que presente cada uma levou e a que horas.

- Célia levou um mordedor.
- Às 14 horas, lá estava Janete visitando seu novo sobrinho.
- Larissa não pôde ir no período da manhã e também não foi ela quem deu a bola.
- O último presente que Leonardo ganhou foi o chocalho.

Resposta: ______

294 Faltam 3 anos e 1 mês para Paulo fazer a viagem dos seus sonhos. Quantos meses faltam para Paulo fazer a viagem?

( ) 3 meses

( ) 7 meses

( ) 36 meses

( ) 37 meses

295 Meu tio vai completar meio século de vida. Ele fará:

( ) 20 anos

( ) 40 anos

( ) 50 anos

( ) 100 anos

296 Um caminhoneiro gastou 3 semanas e 4 dias para fazer uma viagem. Ele fez essa viagem em:

( ) 34 dias

( ) 22 dias

( ) 21 dias

( ) 25 dias

297 Ana fez um curso de música durante 3 meses. Esse período corresponde a:

( ) Um semestre

( ) Um bimestre

( ) Um trimestre

( ) Um ano

298 Paulo trabalha em uma loja de roupas e recebe R$ 1 250,00 por mês. Desse valor, gasta R$ 246,00 com alimentação e R$ 460,00 com o aluguel de sua casa. Quantos reais sobram para Paulo pagar as outras contas da família?

Resposta: ______________________________

299 Em uma loja de camisas, existem 10 prateleiras com 170 camisas em cada uma. Ao final de uma semana, foram vendidas 521, sendo que houve uma reposição de 490 camisas. Quantas camisas há na loja?

Resposta: ______________________________

300 Mamãe colocou 4 dúzias de bolas vermelhas na árvore de natal e duas dúzias e meia de bolas douradas. Quantas bolas foram colocadas, ao todo, na árvore de Natal ?

Resposta: ______________________________

301 Um tubarão nada 60 quilômetros em 1 hora. O peixe-espada, em 1 hora, nada 35 quilômetros a mais que o tubarão. Quantos quilômetros o peixe--espada nada em 1 hora?

Resposta: ___

302 Dona Cláudia é manicure. Ela gastou meio vidro de esmalte para fazer as unhas de 18 clientes. Quantas clientes ela poderá atender usando todo o vidro de esmalte?

Resposta: ___

303 Em uma biblioteca, há 5 mesas pequenas com 4 cadeiras em cada uma e 5 mesas maiores com 6 cadeiras em cada uma. Quantas pessoas podem se sentar, ao mesmo tempo, nessa biblioteca?

Resposta: ___

304 Em um depósito, há três pilhas de caixas, uma com 122 caixas, outra com 168 e a última com 134. Com esse total de caixas, é possível fazer 4 pilhas, todas com a mesma quantidade de caixas. Quantas caixas cada pilha terá?

Resposta: ______________________________

305 Praticar esportes faz bem à saúde. Laura e Mariana sabem disso e, nos fins de semana, frequentam o clube municipal. As meninas resolveram participar dos jogos amadores no clube.

Veja o número de inscritos em cada categoria esportiva:

Modalidade	Atletismo	Natação	Basquete	Vôlei	Tênis
Nº de inscritos	321	34	202	220	21

Faça uma estimativa para responder às questões, assinalando com um x a opção que mais se aproxima do resultado.

a) Quantas inscrições as modalidades atletismo e basquete receberam juntas?

300	500	600

b) Quantas inscrições a modalidade atletismo recebeu a mais do que a modalidade vôlei?

100	150	200

c) No total, quantas inscrições foram feitas?

Menos de 700	700	Mais de 700

306 Em um torneio de basquete, os resultados finais foram:

Equipes	1ª partida	2ª partida	3ª partida
Craques das Cestas	109	112	95
Turma da Quadra	102	124	117

a) Por quantos pontos os Craques das Cestas ganharam a 1ª partida?

Resposta: ______

b) Por quantos pontos a Turma da Quadra ganhou a 2ª partida?

Resposta: ______

c) Quantos pontos cada equipe somou nas três partidas? Que equipe venceu o torneio?

Resposta: ______

307 Observe a altura das crianças:

Diego 136 cm	Luísa 143 cm	André 129 cm	Bia 124 cm	Fernando 118 cm
Artur 148 cm	Pedro 100 cm	Felipe 150 cm	Fabiana 106 cm	Bruna 120 cm

a) Coloque-os na ordem crescente ou decrescente?

Resposta: ______________________________

b) Descubra:

Quem tem mais de 120 cm de altura?

Resposta: ______________________________

c) Quem tem exatamente 1 m de altura?

Resposta: ______________________________

d) Quem tem menos de 150 cm e mais do que 136 cm?

Resposta: ______________________________

e) Observe a sua resposta no exercício "a".

Quem ficou sendo o último da fila? Por quê?

Resposta: ______________________________

308 Em uma cooperativa, sete caminhões levaram 12 caixas de cenoura cada um e cinco caminhões levaram 33 caixas de abobrinha cada um para o Sacolão Oba.

a) Quantas caixas de cenoura o sacolão recebeu?

Resposta: ______

b) Quantas caixas de abobrinha o sacolão recebeu?

Resposta: ______

c) Quantas caixas de legumes o sacolão recebeu?

Resposta: ______

d) Foram vendidas 7 dezenas e meia de caixas de abobrinha. Quantas caixas restaram?

Resposta: ______

309 Dos problemas abaixo, quais podem ser resolvidos com a adição 23 + 15?

( ) Marcelo tem 23 figurinhas. O irmão dele tem 15. Quantas figuras Marcelo tem a mais que o irmão?

( ) Em um aquário, César contou 23 peixes vermelhos e 15 peixes brancos. Quantos peixes ele contou?

( ) Um pedreiro está levantando um muro que deve ter 23 metros de comprimento. Ele já levantou 15 metros do muro. Quantos metros faltam para ele terminar a construção do muro?

( ) Carolina já leu 23 páginas de um livro. Se ainda faltam 15 páginas para ela terminar de ler o livro, quantas páginas tem o livro que Carolina está lendo?

---

310 Dos problemas seguintes, quais você pode resolver usando a subtração 56 – 25?

( ) Carlos tem 56 CDs de música brasileira e 25 CDs de música estrangeira. Quantos CDs ele tem ao todo?

( ) Um ônibus está indo de uma cidade A até uma cidade B. A distância entre as duas cidades é de 56 quilômetros. Se o ônibus já percorreu 25 quilômetros, que distância falta percorrer até a cidade B?

( ) Em uma academia, 56 pessoas fazem ginástica no mesmo horário. Hoje faltaram 25 pessoas desse grupo. Quantas pessoas estão fazendo ginástica hoje?

( ) Samya comprou uma saia por 56 reais e uma blusa por 25 reais. Quanto ela gastou nessa compra?

---

311 Dos problemas seguintes, quais podem ser resolvidos com a multiplicação 3 × 15?

( ) Em uma caixa, cabem 15 livros. Quantos livros cabem em 3 caixas como essa?

( ) Gabriel ganhou 15 reais. Henrique ganhou o triplo dessa quantia. Quantos reais Henrique ganhou?

( ) Em um auditório, 15 cadeiras foram distribuídas igualmente em 3 fileiras. Quantas cadeiras foram colocadas em cada fileira?

( ) Uma lapiseira custa 15 reais. Quanto Aldry vai gastar se comprar 3 dessas lapiseiras?

312 Quais dos problemas seguintes você pode resolver usando a divisão 32 : 2?

(   ) Um livro custa 32 reais e uma caneta custa 2 reais. Se Maria Eduarda comprar o livro e a caneta, quanto ela vai gastar?

(   ) Vinícius tem 32 anos. O pai dele tem o dobro dessa idade. Qual é a idade do pai de Vinícius?

(   ) Um pacote de adesivos custa 2 reais. Quantos pacotes Lucas pode comprar com 32 reais?

(   ) Em uma partida de basquete, Sérgio marcou 32 pontos. Um companheiro de equipe, Luciano, marcou a metade. Quantos pontos Luciano marcou nessa partida?

---

313 Complete o enunciado de cada situação a seguir com uma pergunta. Depois, responda a cada uma delas efetuando os cálculos.

a) Em uma fábrica, trabalham 24 100 pessoas. Dessas pessoas, 13 625 trabalham durante o dia, e o restante trabalha durante a noite.

Resposta: ______________________________

b) Nas salas de 3º ano, há 147 alunos. Para realizar a tarefa de resolução de alguns problemas, as professoras dividiram os alunos em 7 grupos.

Resposta: ______________________________

314 Calcule o dobro de 424. Divida o resultado por 4. Qual é o quociente?

Resposta: ______________________________

315 Ao dividir um número por 3, o quociente é 172 e não há resto. Qual é esse número?

Resposta: ______________________________

316 A diferença entre dois números é 1 881. O minuendo é 5 604. Qual é o subtraendo?

Resposta: ______________________________

317 Luciana foi ao supermercado central e comprou 5 quilos de bacalhau por 350 reais. Ela também comprou 250 gramas de azeitonas e 500 mL de azeite. Quanto custou o quilo do bacalhau?

Resposta: ______

318 Laura quer comprar um computador no valor de R$ 2 753,00. Ela já conseguiu juntar R$ 875,00 da sua mesada e ganhou de aniversário R$ 650,00. Quantos reais ainda faltam para ela comprar o computador?

Resposta: ______

319 Uma bicicleta está sendo vendida na Decathlon por 15 parcelas de R$ 436,00. Tadeu tem apenas o valor de duas parcelas. Quantos reais ainda faltam para ele conseguir comprar a bicicleta à vista?

Resposta: ______

320 Augusto quer comprar uma televisão de LED de 40 polegadas. Ele viu no site a propaganda de uma televisão que está com um bom desconto. De R$ 2 589,00 por R$ 1 792,00. Quantos reais Augusto economizará se comprar a televisão na promoção?

Smart TV LED 40

~~R$ 2 589,00~~

R$ 1 792,00

8 x de R$ 224,00

Resposta: ______________________________

321 Berenice é bordadeira. Ela vai bordar um véu de noiva com lantejoulas e miçangas. Para isso, usará 1 250 lantejoulas e o triplo dessa quantidade de miçangas. Quantas lantejoulas e miçangas ela bordará ao todo?

Resposta: ______________________________

322 Para ir de São Paulo a Florianópolis de ônibus, Ana e seu irmão levaram 540 minutos. Quantas horas durou essa viagem?

Resposta: ______________________________

323 O campo de futebol de um clube foi coberto com placas quadradas de grama especial. No lado menor, foram colocadas 19 placas e, no lado maior, foram colocadas 25, preenchendo totalmente o campo. Quantas placas de grama foram usadas no total?

Resposta: ______________________________

324 Rafaela viu o anúncio de venda de uma bicicleta e resolveu comprá-la em 15 parcelas de R$ 168,00 cada uma.

a) Quanto ela pagará por essa bicicleta?

Resposta: ______________________________

b) Ela já pagou 7 parcelas dessa bicicleta. Quantos reais faltam para ela terminar de pagar a bicicleta?

Resposta: ______________________________

325 Em um trimestre, Paola gasta aproximadamente R$ 2 685,00 em compras de supermercado. Sabendo que a cada mês ela gasta, aproximadamente, o mesmo valor, quantos reais ela gasta por mês no supermercado?

Resposta: ______________________

326 Fernando tem R$ 480,00 para gastar em uma loja de brinquedos. Esses brinquedos serão doados para crianças carentes no Natal. Veja, na imagem, as escolhas de Fernando:

a) Quanto custa cada barco?

Resposta: ______________________

b) Quanto custa cada urso?

Resposta: ______________________

327 Seu Jair é agricultor. Ele colheu 693 maçãs e as distribuiu, igualmente, em 5 caixas. Quando não foi mais possível distribuir igualmente as maçãs entre as caixas, ele deu ao seu ajudante as que restaram.

a) Quantas maçãs foram colocadas em cada caixa?

Resposta: ______________________________

b) Quantas maçãs seu ajudante ganhou?

Resposta: ______________________________

---

328 Uma academia de tênis comprou 192 bolas de tênis. Elas vieram embaladas em latas com 3 bolas em cada uma. Sabendo que cada lata custou R$ 28,00, responda:

a) Quantas latas foram compradas?

Resposta: ______________________________

b) Quantos reais essa academia gastou na compra de todas as bolas?

Resposta: ______________________________

---

329 Com os R$ 164,00 que Clara já tinha e mais os R$ 100,00 que ganhou de seus pais, ela pode comprar 6 livros de uma coleção. Sabendo que cada livro custava o mesmo valor, qual foi o preço de cada livro?

Resposta: ______________________________

330 Dona Maria é costureira. Para fazer 3 calças de mesmo comprimento, ela repartiu igualmente 2 m e 25 cm de tecido. Quantos centímetros de tecido ela usou para fazer cada calça?

Resposta: ______________________________

331 Um armário tem 4 gavetas. Em cada gaveta, há 6 pastas e em cada pasta há 30 sacos plásticos. Qual é o total de sacos plásticos nesse armário?

Resposta: ______________________________

332 Renata tinha R$ 318,00 e ganhou de sua tia R$ 50,00. João Pedro, seu irmão, tinha R$ 273,00 e ganhou de seu avô R$ 65,00.

a) Qual deles ficou com a quantia maior?

Resposta: ______________________________

b) Quanto a mais do que o outro?

Resposta: ______________________________

333 Juliana fez uma pesquisa de preço para comprar uma televisão. À vista, o aparelho que ela escolheu custava R$ 1 876,00. A prazo, ele poderia ser parcelado em 6 prestações iguais de R$ 391,00. Qual é a diferença entre o valor à vista e o valor a prazo da televisão?

Resposta: ____

---

334 Amanda precisa comprar alguns eletrodomésticos para o seu novo apartamento.

Veja o preço deles na loja Compre Bem.

a) Quantos reais ela gastará na compra desses 3 eletrodomésticos?

Resposta: ______________________________

b) Ela pagará esse valor em 4 prestações iguais. Qual será o valor de cada prestação?

Resposta: ______________________________

335 Um aluno do 4º ano trouxe uma garrafa com 2 litros de suco para tomar com os amigos na hora do lanche. Eles tomaram 1 600 mL de suco. Quanto sobrou na garrafa?

Assinale a resposta correta com um ×.

( ) 100 mL

( ) 400 L

( ) 400 mL

( ) 600 mL

PROBABILIDADE

336 Na rua onde Mariana mora, há 38 construções, entre casas e prédios. Camila estava indo à casa de Mariana, mas se esqueceu do número. A probabilidade de ela descobrir qual é a casa de Marina, sem ter que perguntar, é:

a) $\frac{2}{38}$

b) zero

c) $\frac{1}{38}$

d) $\frac{38}{38}$

337 Para uma atividade na aula de Matemática, a professora trouxe para a classe uma caixa com fitas métricas de quatro cores diferentes: 4 amarelas, 21 vermelhas, 8 azuis e 11 verdes. Cada aluno vai receber uma fita métrica selecionada ao acaso pela professora, ou seja, a professora vai pegar uma fita dentro da caixa sem olhar a cor e entregar ao aluno. Luiza será a primeira a receber a fita. A cor mais provável da fita que Luiza vai receber é:

a) amarela. b) azul. c) verde. d) vermelha.

---

338 O colégio Aprender a Ser fará um sorteio entre as seis salas de 4º ano, e a sala vencedora ganhará um passeio em um parque de sua cidade. Amanda estuda em uma das salas de 4º ano e gostaria muito de ganhar esse passeio. O diretor colocará em uma caixa seis pedaços de papel, um para cada classe, e sorteará um deles. A chance de a sala de Amanda ser sorteada é de:

a) $\frac{1}{4}$ b) $\frac{1}{6}$ c) $\frac{2}{6}$ d) $\frac{2}{4}$

---

339 Mônica organizou um sorteio de amigo secreto entre sua família. Para isso, escreveu em pedaços de papel o nome de cada uma das 15 pessoas, incluindo ela, que participariam desse sorteio e colocou dentro de um saco. Mônica, como organizadora, foi a primeira a retirar um nome de dentro do saco. A probabilidade de ela retirar seu próprio nome é:

a) $\frac{1}{2}$

b) $\frac{15}{15}$

c) $\frac{1}{15}$

d) zero

340 No jogo de cara ou coroa, ao lançarmos uma moeda, podemos obter dois resultados. Qual fração representa a probabilidade de que, em um lançamento, o resultado seja cara?

Resposta: ______________________________

341 Na classe de José Francisco, há 15 meninas e 12 meninos. Será feito um sorteio para escolher o representante da classe. Os nomes de todos os alunos, inclusive o de José Francisco, foram escritos em pedaços de papel e colocados dentro de uma caixa para que a professora, sem olhar, retire apenas um.

a) Que fração representa a probabilidade de José Francisco ser sorteado?

Resposta: ______________________________

b) Que fração representa a probabilidade de uma menina ser sorteada?

Resposta: ______________________________

342 Uma criança colocou dentro de uma caixa 4 blocos amarelos, 5 azuis e 8 verdes.

a) Se você retirar um bloco sem olhar, qual tem mais chance de sair?

Resposta: ______________________________

b) Qual é o total de blocos na caixa?

Resposta: ______________________________

c) A probabilidade de um bloco verde ser retirado é de:

a) $\frac{1}{4}$ b) $\frac{1}{5}$ c) $\frac{8}{17}$ d) $\frac{1}{8}$

343 A professora de Enzo, que está no 4º ano, fez uma atividade em que colocou dentro de uma sacola escura 4 bolas vermelhas e 6 bolas azuis. Então, ela fez a seguinte pergunta para os alunos: Qual a chance de retirarmos da sacola uma bola na cor vermelha?

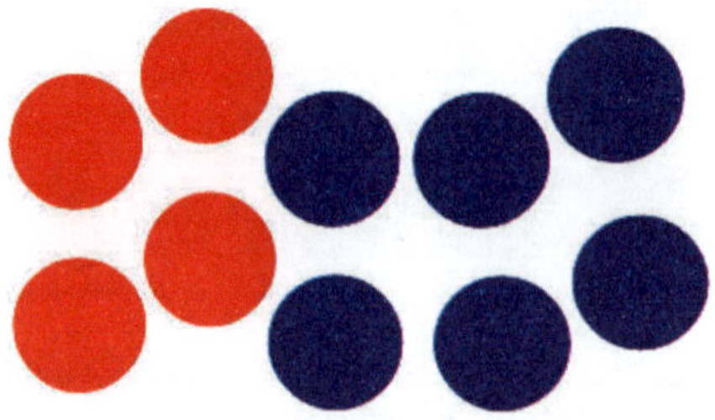

Resposta: ______________________________

344 O dado é formado por seis faces que são numeradas de 1 a 6. Ele possui o formato de um cubo. Qual é a chance de lançarmos o dado e tirarmos o número 2?

Resposta: ______________________________

345 Na festa junina da escola de Simone, foram vendidas 60 cartelas de bingo. As pessoas que compraram a cartela concorrerão a 2 ingressos para uma sessão de cinema, com direito a pipoca e suco. A família de Simone comprou 8 cartelas. Quais chances ela terá de ganhar o prêmio?

a) $\frac{8}{60}$ b) $\frac{2}{60}$ c) $\frac{1}{60}$ d) $\frac{60}{60}$

---

346 Pedro é responsável pela organização dos livros de ficção nas prateleiras. Ele tem livre 4 prateleiras com capacidade para 219 livros em cada uma e 5 prateleiras com capacidade para 186 livros cada uma. Qual é a capacidade total de livros que Pedro poderá organizar?

Resposta: ______________________________

---

347 Para a festa junina deste ano, uma escola comprou 8 caixas de copos descartáveis grandes, com 685 copos em cada uma, e 6 caixas de copos descartáveis pequenos, com 550 copos em cada uma.

a) Quantos copos no total foram comprados pela escola para a festa junina?

Resposta: ______________________________

b) Qual a diferença de quantidade de copos grandes e pequenos?

Resposta: ______________________________

348 Ainda para a festa junina, a escola comprou diversos doces típicos. O valor total desses doces para pagamento à vista seria R$ 2 140,00 e, a prazo, seria 4 parcelas de R$ 575,00. Qual a diferença entre o pagamento à vista e o pagamento a prazo?

Resposta: ______________________________

349 O gerente de uma grande papelaria encomendou 650 unidades de lápis grafite e recebeu do fabricante 12 caixas com 53 lápis em cada uma. Quando o gerente foi conferir, observou que faltavam alguns lápis. Quantas unidades de lápis faltaram?

Resposta: ______________________________

350 O mercado Todo Dia tinha certa quantidade de potes de iogurte e recebeu mais 887 potes de iogurte de morango, 408 potes de iogurte de ameixa e 534 potes de iogurte de pêssego. Depois dessa entrega, o mercado ficou com um total de 2 000 potes de iogurte. Quantos potes havia antes da entrega?

Resposta: ______________________________

351 Os trens de uma cidade da Alemanha têm treze vagões iguais. Cada vagão tem capacidade para transportar, no máximo 124 pessoas, para que os passageiros tenham maior conforto. Nesse caso, quantos passageiros um trem pode transportar?

Resposta: ______________________________

352 Em uma pequena cidade, foi realizada uma festa de rua para arrecadar dinheiro para um hospital. O ingresso dos adultos custava R$ 28,00 e dos idosos, R$ 14,00. Meninos e meninas de até 12 anos de idade não pagavam. Havia 266 adultos na festa, 67 idosos e 54 crianças. Quanto foi arrecadado com a venda dos ingressos?

Resposta: ______________________________

353 O prédio em que Patrícia mora tem 4 apartamentos por andar. No total há 72 apartamentos. A taxa de condomínio é de R$ 795,00 por apartamento. Este mês, cinco moradores não pagaram o condomínio. Com os dados acima, responda:

a) Quantos andares há no prédio em que Patrícia mora?

Resposta: ______________________________

b) Quantos reais o prédio deixou de arrecadar com a taxa de condomínio este mês?

Resposta: ______________________________

c) Se os moradores dos 72 apartamentos tivessem pago a taxa de condomínio, qual seria a arrecadação total?

Resposta: ______________________________

354 Silvio foi ao supermercado e fez algumas compras no valor de R$ 218,00. Quando se dirigiu ao caixa para pagar, viu uma oferta de latas de azeite, que lhe pareceu muito boa. Comprou logo meia dúzia dessas latas. No total, acabou gastando R$ 296,00. Quanto custou cada lata de azeite?

Resposta: ______________________________

355 Uma fábrica de brinquedos produziu para a semana das crianças 876 robôs eletrônicos de um mesmo modelo. Sabendo-se que a metade dessa produção foi vendida para uma loja de departamentos, com cada robô custando R$ 69,00, descubra quanto a fábrica recebeu com essa venda.

Resposta: ______________________________

DIFERENTES FORMAS DE CALCULAR A SUBTRAÇÃO

356 Observe as diferentes maneiras que os alunos do 4º fizeram para resolver a subtração: 645 – 225.

Marcelo fez assim:

645 – 225 =
645 – 200 = 445
445 – 20 = 425
425 – 5 = 420

Letícia fez assim:

645 – 225 =
625 – 225 = 400
45 – 25 = 20
400 + 20 = 420

Pietra fez assim:

$$\begin{array}{r} 645 \\ -\ 225 \\ \hline 420 \end{array}$$

Resolva as operações abaixo usando as estratégias apresentadas.

a) 345 – 130 =	b) 872 – 443 =
c) 704 – 509 =	d) 944 – 443 =

357 Calcule mentalmente e verifique se o resultado encontrado responde à questão. Assinale a alternativa correta.

a) O resultado de 600 – 266 é maior ou menor que 300?

☐ É maior ☐ É menor

b) O resultado de 800 – 479 é maior ou menor que 400?

☐ É maior ☐ É menor

c) O resultado de 1 000 – 501 é maior ou menor que 500?

☐ É maior ☐ É menor

d) O resultado de 2 000 – 999 é maior ou menor que 1 000?

☐ É maior ☐ É menor

DIFERENTES FORMAS DE CALCULAR A MULTIPLICAÇÃO

358 Observe as diferentes maneiras que os alunos do 4º fizeram para resolver a multiplicação 230 × 5 rapidamente:

Lívia fez assim:

5 × 230 =
5 × 200 = 1 000
5 × 30 = 150
1 000 + 150 = 1 150

Samuel fez assim:

$$\begin{array}{r} 200 + 30 \\ \times \quad 5 \\ \hline 1\,000 + 150 = 1\,150 \end{array}$$

Agora, utilize as estratégias apresentadas e resolva as situações-problema.

a) Um ônibus transporta 46 passageiros. Quantos passageiros ele transportará se fizer 5 viagens totalmente lotado?

b) Camila precisa vender 3 blocos com 145 rifas cada um. Considerando que ela consiga vender todas, quantas rifas ela venderá?

c) Um florista encomendou 6 arranjos com 340 flores cada um. Quantas flores ele encomendou ao todo?

RESOLVA OS CÁLCULOS:

359 Sabendo-se que **$4 \times 7 = 28$**, calcule:

a) $8 \times 7 =$ ____________ b) $9 \times 7 =$ ____________

c) $6 \times 7 =$ ____________ d) $8 \times 8 =$ ____________

Sabendo-se que $3 \times 4 = 12$, como saber quanto é 3×8?

____

____

Saber alguns resultados das tabuadas do 2 e do 4 ajuda a saber resultados da tabuada do 8? Como?

____

____

____

____

TERMOS DAS 4 OPERAÇÕES

1. ADIÇÃO

O sinal da adição é +.

As parcelas são os termos da adição.

Soma ou total é o resultado da adição.

```
    ①
   2 3 6  ———→ Parcela
 + 5 4 7  ———→ Parcela
 ———————
   7 8 3  ———→ Soma ou Total
```

2. SUBTRAÇÃO

O sinal da subtração é – .

O minuendo e o subtraendo são os termos da subtração.

Resto ou diferença é o resultado da subtração.

```
   9 8 5  ———→ Minuendo
 – 6 3 2  ———→ Subtraendo
 ———————
   3 5 3  ———→ Resto ou Diferença
```

3. MULTIPLICAÇÃO

O sinal da multiplicação é ×.

Os termos da multiplicação chamam-se fatores.

O produto é o resultado da multiplicação.

```
   1 2 4  ———→ Fator
 ×     2  ———→ Fator
 ———————
   2 4 8  ———→ Produto
```

4. DIVISÃO

O sinal da divisão é ÷ .

O dividendo é o número que será dividido.

O divisor é número por quanto se vai dividir.

O quociente é o resultado da divisão.

O resto é o que sobra da divisão.

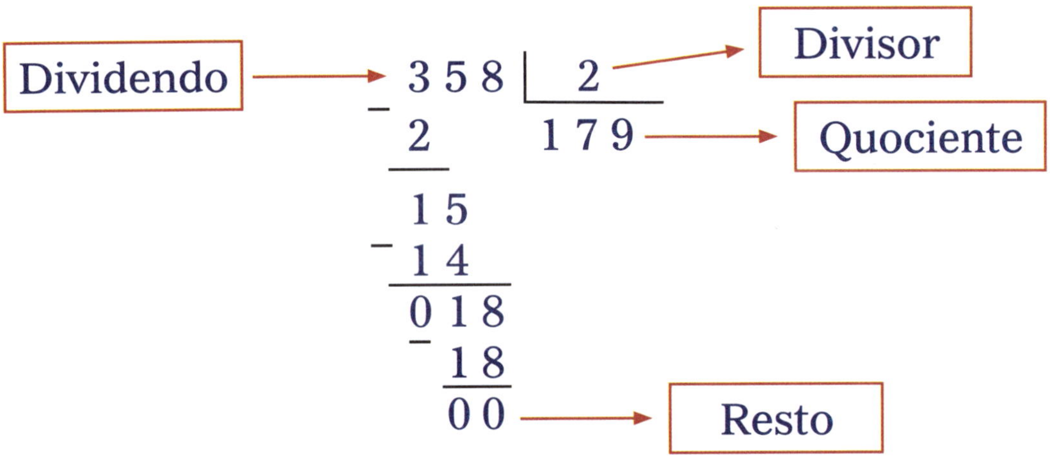

MÉTODO PRÁTICO PARA MULTIPLICAÇÕES

360 Arme convenientemente e depois, efetue as multiplicações. Observe o item (a) que está resolvido.

a) $6 \times 406 =$

$$\begin{array}{r} \overset{3}{4\,0\,6} \\ \times \quad 6 \\ \hline 2\,4\,3\,6 \end{array}$$

b) $6 \times 357 =$

c) $6 \times 284 =$

d) $6 \times 109 =$

e) $6 \times 488 =$

f) $4 \times 903 =$

360 g) $4 \times 255 =$

h) $4 \times 673 =$

i) $4 \times 840 =$

j) $4 \times 202 =$

k) $5 \times 316 =$

l) $5 \times 190 =$

360 m) $5 \times 472 =$

n) $5 \times 248 =$

o) $5 \times 926 =$

361 Arme convenientemente e depois, efetue as multiplicações.

a) $6 \times 68 =$

b) $4 \times 97 =$

c) $3 \times 502 =$

d) $2 \times 174 =$

e) $5 \times 225 =$

f) $6 \times 303 =$

g) $3 \times 171 \quad =$

h) $2 \times 413 =$

i) $4 \times 112 =$

361 j) $5 \times 202 =$

k) $4 \times 625 =$

l) $3 \times 416 =$

m) $2 \times 178 =$

n) $6 \times 182 =$

o) $5 \times 267 =$

362 Arme convenientemente e depois, efetue as multiplicações.

a) $7 \times 624 =$

b) $7 \times 497 =$

c) $7 \times 1\ 205 =$

d) $7 \times 2\ 351 =$

e) $7 \times 1\ 367 =$

f) $8 \times 406 =$

362 g) $8 \times 304 =$

h) $8 \times 2\,019 =$

i) $8 \times 1\,976 =$

j) $8 \times 4\,008 =$

k) $9 \times 165 =$

l) $9 \times 538 =$

362 m) $9 \times 1\ 245 =$

n) $9 \times 3\ 098 =$

o) $9 \times 2\ 774 =$

363 Arme convenientemente e depois, efetue as multiplicações.

a) $6 \times 1\ 612 =$

b) $8 \times 397 =$

c) $7 \times 5\ 003 =$

363 d) $9 \times 1\,243 =$

e) $8 \times 1\,225 =$

f) $8 \times 3\,213 =$

g) $9 \times 1\,265 =$

h) $6 \times 2\,456 =$

i) $7 \times 987 =$

363 j) $7 \times 2\ 202 =$

k) $9 \times 1\ 832 =$

l) $8 \times 4\ 095 =$

m) $7 \times 2\ 186 =$

n) $8 \times 2\ 663 =$

o) $9 \times 2\ 387 =$

MULTIPLICAÇÃO POR 2 ALGARISMOS

Vamos fazer a multiplicação por 2 algarismos.

Multiplicaremos um número de 2 algarismos por outro número de 2 algarismos.

Veja: **23** × **54**

$$\begin{array}{r} {}^{1} \\ 54 \\ \times\ 23 \\ \hline 162 \end{array}$$

1º) Multiplicaremos a unidade 3 por 54 da seguinte forma:

$3 \times 4 = 12$

$3 \times 50 = 150 + 10 = 160$

$12 + 160 = 162$

Então, acabamos de descobrir que $3 \times 54 = 162$.

$$\begin{array}{r} \not{1} \\ 54 \\ \times\ 23 \\ \hline 162 \\ 1080 \end{array}$$

2º) Multiplicaremos a dezena 2 por 54 da seguinte forma:

$20 \times 4 = 80$

$20 \times 50 = 1000$

$80 + 1000 = 1080$

Então, acabamos de descobrir que $20 \times 54 = 1080$.

$$\begin{array}{r} \not{1} \\ 54 \\ \times\ 23 \\ \hline {}^{1}162 \\ 1080\,+ \\ \hline 1242 \end{array}$$

3º) Somaremos o resultado das multiplicações, da seguinte forma:

$162 + 1080 = 1242$

PARA SABER MAIS...

Acesse: https://pt.khanacademy.org/math/arithmetic/arith-review-multiply-divide/arith-review-multi-digit-mult/v/multiplying-2-digit-numbers

364 Arme convenientemente e depois, efetue as multiplicações.

a) $16 \times 18 =$

b) $14 \times 22 =$

c) $23 \times 22 =$

d) $17 \times 31 =$

e) $33 \times 28 =$

f) $11 \times 323 =$

364 g) $27 \times 13 =$

h) $42 \times 104 =$

i) $18 \times 118 =$

j) $14 \times 129 =$

k) $14 \times 61 =$

l) $19 \times 186 =$

364 m) $37 \times 108 =$

n) $23 \times 108 =$

o) $15 \times 206 =$

365 Arme convenientemente e depois, efetue as multiplicações.

a) $4 \times 768 =$

b) $7 \times 9\,107 =$

c) $62 \times 506 =$

365 d) $33 \times 1\,072 =$

e) $19 \times 2\,435 =$

f) $8 \times 1\,287 =$

g) $54 \times 617 =$

h) $29 \times 998 =$

i) $64 \times 113 =$

365 j) $27 \times 184 =$

k) $9 \times 1\ 625 =$

l) $18 \times 121 =$

m) $29 \times 617 =$

n) $61 \times 899 =$

o) $37 \times 1\ 777 =$

366 Arme convenientemente e depois, efetue as multiplicações.

a) $12 \times 161 =$

b) $34 \times 2\ 703 =$

c) $17 \times 1\ 502 =$

d) $28 \times 743 =$

e) $53 \times 289 =$

f) $62 \times 302 =$

366 g) $49 \times 322 =$

h) $24 \times 3\ 215 =$

i) $13 \times 1\ 849 =$

j) $41 \times 10\ 002 =$

k) $18 \times 1\ 169 =$

l) $24 \times 4\ 888 =$

366 m) $38 \times 566 =$

n) $29 \times 763 =$

o) $16 \times 11\,087 =$

DIVISÕES PELO MÉTODO BREVE (ALGORITMO DA DIVISÃO)

dividendo	divisor
resto	quociente

chave

Exemplo:

1 7	3
− 1 5	5
2	

dividendo → 17; divisor → 3; quociente → 5; resto → 2

Efetuar uma divisão significa achar o **quociente** e o **resto** dessa divisão.

Prova real da divisão (Verificação)

1º) Verifique se

dividendo	=	quociente	×	divisor	+	resto
17	$\stackrel{?}{=}$	5	×	3	+	2
17	$\stackrel{?}{=}$		15		+	2
17	$\stackrel{?}{=}$	17	⟶	**Sim**		

2º) Verifique se o resto é menor que o divisor.

resto = 2
divisor = 3 } 2 é menor que 3

Sim

Então nossa divisão está **correta** e a resposta é **quociente = 5 e resto = 2**.

ATENÇÃO

Como o **resto** tem que ser menor que o **divisor**, esse **resto** só pode assumir valores que variarão de **zero** até o **divisor menos um**.

Observe o exemplo:

dividendo	5 (divisor)
resto	quociente

Nessa divisão o **resto** só pode assumir os valores **0, 1, 2, 3 ou 4**.

367 Resolva os algoritmos da divisão na malha quadriculada.

a)	9	9	3			b)	7	8	6			c)	7	8	5		

368 Resolva os algoritmos da divisão na malha quadriculada

a)	4	6	6	2					b)	2	6	5	5				

c) 4 4 4 | 6

d) 7 3 5 | 7

e) 3 2 8 | 4

f) 7 2 8 | 6

g) 5 6 9 | 5

h) 2 9 6 | 8

369 Ache o quociente e o resto das seguintes divisões:

a) $63 \div 2$

$$6\ 3 \ \underline{|\ 2\quad}$$

b) $34 \div 4$

$$3\ 4 \ \underline{|\ 4\quad}$$

c) $81 \div 3$

$$8\ 1 \ \underline{|\ 3\quad}$$

d) $68 \div 7$

$$6\ 8 \ \underline{|\ 7\quad}$$

e) $100 \div 8$

$$1\ 0\ 0 \ \underline{|\ 8\quad}$$

f) $89 \div 9$

$$8\ 9 \ \underline{|\ 9\quad}$$

370 Determine o quociente e o resto das seguintes divisões (quando necessário, arme o algoritmo):

a) 166 ÷ 2

1 6 6 | 2

b) 893 ÷ 3

8 9 3 | 3

c) 546 ÷ 5

d) 987 ÷ 4

e) 426 ÷ 6

f) 278 ÷ 7

371 Calcule o quociente e o resto das seguintes divisões (quando necessário, arme o algoritmo):

a) $517 \div 4$

$$517 \,\underline{|\; 4 \quad}$$

b) $348 \div 6$

$$348 \,\underline{|\; 6 \quad}$$

c) $328 \div 8$

d) $812 \div 7$

e) $794 \div 9$

f) $459 \div 5$

372 Resolva os algoritmos da divisão na malha quadriculada.

a) 3 2 3 3 | 4

b) 9 6 3 8 | 3

c) 1 7 4 6 | 6

d) 2 2 2 5 | 5

373 Calcule o quociente e o resto das seguintes divisões:

a) $38152 \div 4$

b) $8441 \div 6$

c) $6568 \div 9$

d) $6476 \div 8$

e) $9146 \div 7$

f) $8974 \div 5$

374 Calcule o quociente e o resto das seguintes divisões:

a) 1 0 6 7 4 | 9

b) 8 5 9 5 9 | 7

c) 9 5 0 6 8 | 5

d) 1 0 4 7 1 5 | 4

e) 2 4 1 4 4 | 6

f) 5 0 6 3 7 7 | 8

CÁLCULOS COM AS 4 OPERAÇÕES

375 Resolva as operações através de algoritmos:

a) $895 + 641 =$

b) $3\,333 + 2\,888 =$

c) $753 - 541 =$

d) $535 - 119 =$

e) $1\,473 - 358 =$

f) $2 \times 74 =$

376 Resolva as operações através de algoritmos:

a) 1 234 + 4 518

b) 5 178 + 3 206 + 21 =

c) 352 – 165 =

d) 603 – 314 =

e) $3 \times 85 =$

f) $48 \div 2 =$

377 Resolva as operações através de algoritmos:

a) 3 234 + 1 986 + 845 =

b) 2 402 – 213 =

c) 8 402 – 1 823 =

d) 4×434 =

e) $3 \times 3\,456$ =

f) $97 \div 3$ =

378 Resolva as operações através de algoritmos:

a) $4\ 356 + 2\ 968 + 137 =$

b) $5\ 675 - 1\ 054 =$

c) $5 \times 2\ 109 =$

d) $6 \times 4\ 560 =$

e) $93 \div 5 =$

f) $195 \div 3 =$

379 Resolva as operações através de algoritmos:

a) 5 732 + 1 098 + 23 =

b) 6 031 – 4 795 =

c) 5 001 – 78 =

d) 7 × 2 327 =

e) 8 × 2 679 =

f) 224 ÷ 4 =

380 Resolva as operações através de algoritmos:

a) 8 786 + 4 098 + 512 =

b) 8 130 – 3 419 =

c) 4 × 1 039 =

d) 9 × 2 304 =

e) 364 ÷ 8 =

f) 624 ÷ 4 =

381 Resolva as operações através de algoritmos:

a) 6 222 + 5 555 + 99 =

b) 7 003 – 1 178 =

c) 9 × 2 234 =

d) 623 ÷ 7 =

e) 840 ÷ 8 =

f) 1 236 ÷ 6 =

382 Resolva as operações através de algoritmos:

a) 8 902 + 3 451 + 69 =

b) 8 101 – 3 247 =

c) 13 × 45 =

d) 12 × 324 =

e) 1 499 ÷ 7 =

f) 1 845 ÷ 9 =

383 Resolva as operações através de algoritmos:

a) 6 599 + 5 747 + 85 =

b) 6 005 – 4 859 =

c) 25 × 231 =

d) 34 × 154 =

e) 1 498 ÷ 8 =

f) 7 592 ÷ 6 =

384 Resolva as operações através de algoritmos:

a) 7 165 + 6 395 + 67 =

b) 8 207 – 1 528 =

c) 37 × 524 =

d) 48 × 1 254 =

e) 7 236 ÷ 9 =

f) 7 220 ÷ 7 =

385 Resolva as operações através de algoritmos:

a) 5 994 + 4 698 + 95 =

b) 9 100 – 5 123 =

c) 56 × 145 =

d) 67 × 321 =

e) 3 792 ÷ 6 =

f) 9 947 ÷ 9 =

386 Resolva as operações através de algoritmos:

a) 3 809 + 2 636 + 124 + 34=

b) 15 401 – 9 608 =

c) 42 × 1 986 =

d) 83 × 2 031 =

e) 6 650 ÷ 7 =

f) 16 306 ÷ 8 =

FRAÇÃO

O surgimento da fração

Por volta do ano 3.000 a.C., um antigo faraó de nome Sesóstris repartiu o solo do Egito às margens do rio Nilo entre seus habitantes. "Se o rio levava qualquer parte do lote de um homem, o faraó mandava funcionários examinarem e determinarem por medida a extensão exata da perda."

Estas palavras foram escritas pelo historiador grego Heródoto, há cerca de 2.300 anos. O rio Nilo atravessa uma vasta planície. Uma vez por ano, na época das cheias, as águas do Nilo sobem muitos metros acima de seu leito normal, inundando uma vasta região ao longo de suas margens. Quando as águas baixam, deixam descobertas uma estreita faixa de terras férteis, prontas para o cultivo.

Desde a Antiguidade, as águas do Nilo fertilizam os campos, beneficiando a agricultura do Egito. Foi nas terras férteis do vale deste rio que se desenvolveu a civilização egípcia. Cada metro de terra era precioso e tinha de ser muito bem cuidado.

Sesóstris repartiu estas preciosas terras entre uns poucos agricultores privilegiados. Todos os anos, durante o mês de junho, o nível das águas do Nilo começava a subir. Era o início da inundação, que durava até setembro. Ao avançar sobre as margens, o rio derrubava as cercas de pedra que cada agricultor usava par marcar os limites do terreno de cada agricultor.

Usavam cordas para fazer a medição. Havia uma unidade de medida assinada na própria corda. As pessoas encarregadas de medir esticavam a corda e verificavam quantas vezes aquela unidade de medida estava contida nos lados do terreno. Daí, serem conhecidas como estiradores de cordas. No entanto, por mais adequada que fosse a unidade de medida escolhida, dificilmente cabia um número inteiro de vezes nos lados do terreno.

Foi por essa razão que os egípcios criaram um novo tipo de número: o número fracionário. Para representar os números fracionários, usavam frações.

(Fonte: educar.sc.usp.br/licenciatura/2003/hm/page03.htm)

Fração é considerada parte de um inteiro que foi dividido em partes exatamente iguais. As frações são escritas na forma de números e na forma de desenhos. Observe o exemplo:

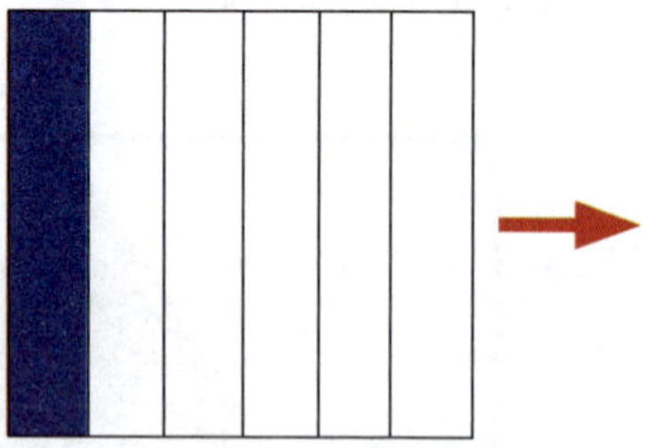

$$\frac{1}{6}$$

O inteiro foi dividido em 6 partes, em que 1 delas foi pintada.

Na fração, a parte de cima é chamada de numerador e indica quantas partes do inteiro foram utilizadas.

A parte de baixo é chamada de denominador e indica a quantidade máxima de partes em que fora dividido o inteiro.

$$\frac{1}{6} = \frac{\text{numerador}}{\text{denominador}}$$

Quando o denominador da fração é 10, 100 ou 1000, a fração deve ser escrita utilizando décimos, centésimos e milésimos. Observe:

$$\frac{4}{10}$$

Quatro décimos

$$\frac{4}{100}$$

Quatro centésimos

$$\frac{4}{1000}$$

Quatro milésimos

Nas situações em que o denominador é maior que 10, escrevemos a palavra avos junto ao nome da fração.

$$\frac{2}{13}$$

Dois treze avos

$$\frac{5}{19}$$

Cinco dezenove avos

$$\frac{12}{20}$$

Doze vinte avos

PARA SABER MAIS...

Acesse: https://pt.khanacademy.org/math/cc-third-grade-math/cc-3rd-fractions-topic/modal/v/fraction-basics

387 Escreva a fração que corresponde às partes pintadas:

a) 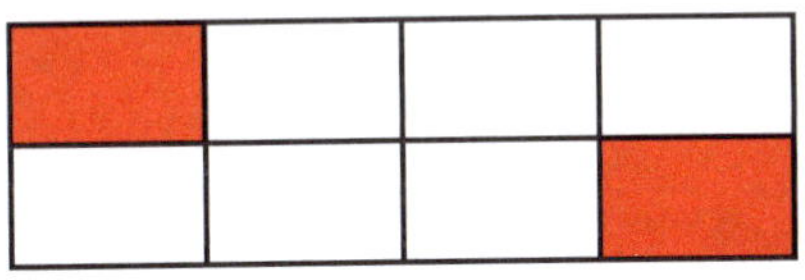

b) 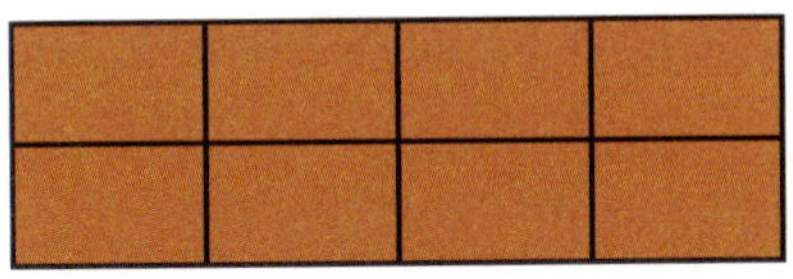

c) 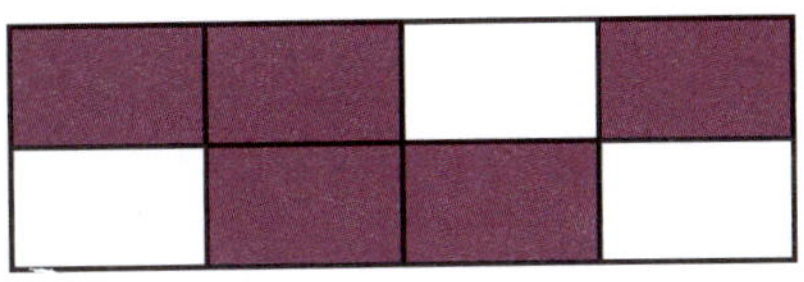

d) 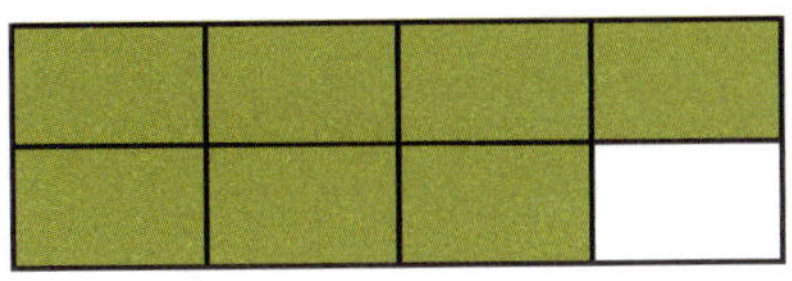

388 Escreva a fração correspondente a:

a) um meio ______________________

b) dois terços ______________________

c) quatro sextos ______________________

d) cinco décimos ______________________

e) três décimos ______________________

f) dois quartos ______________________

389 Pinte em cada desenho a fração correspondente:

a) 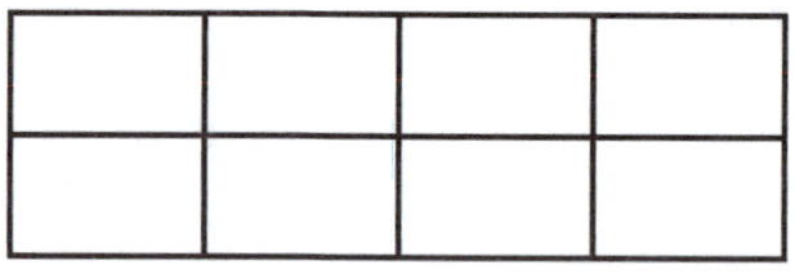 $\frac{1}{2}$

b) 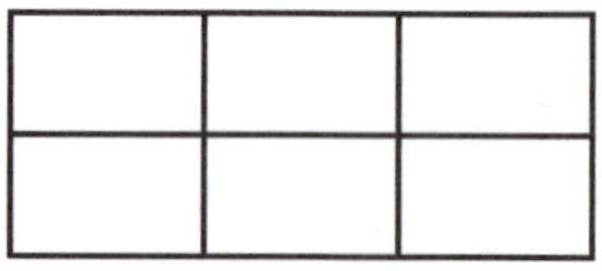 $\frac{1}{6}$

c) 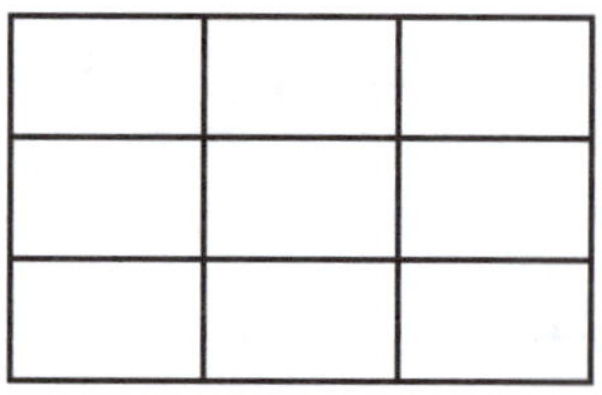 $\frac{3}{9}$

390 Escreva como lemos as frações abaixo:

a) $\frac{2}{10}$ = ____________________

b) $\frac{1}{6}$ = ____________________

c) $\frac{3}{4}$ = ____________________

d) $\frac{1}{9}$ = ____________________

e) $\frac{2}{7}$ = ____________________

f) $\frac{4}{11}$ = ____________________

g) $\frac{5}{15}$ = ____________________

391 Explique o que é o numerador e o que é o denominador em uma fração.

Numerador: ______________________________

____

Denominador: ______________________________

____

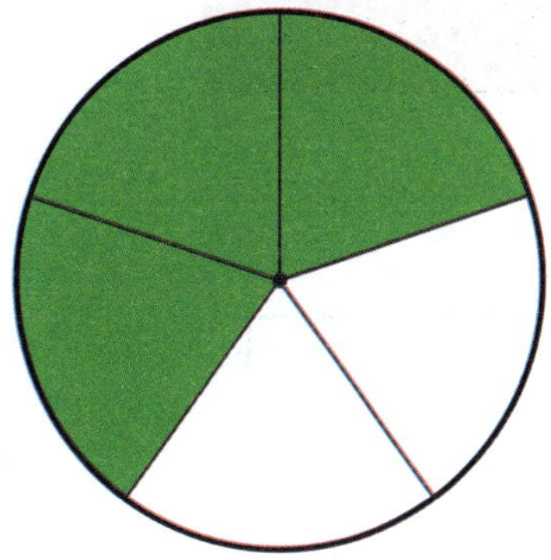

$\frac{3}{5}$

---

392 Marque com um X a figura que tem um quarto $\left(\frac{1}{4}\right)$ pintado de azul.

a)

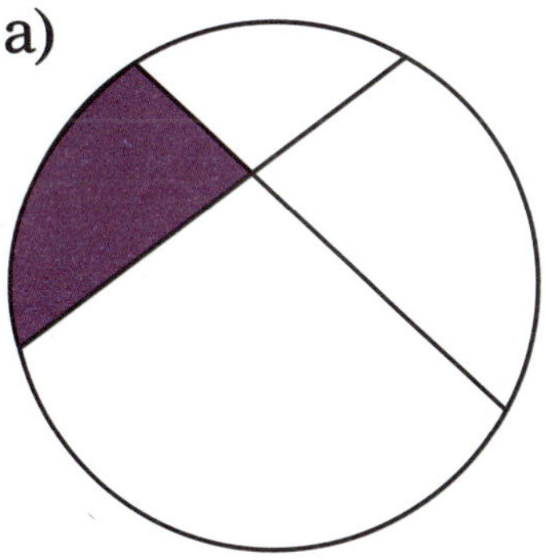

( )

b)

( )

c)

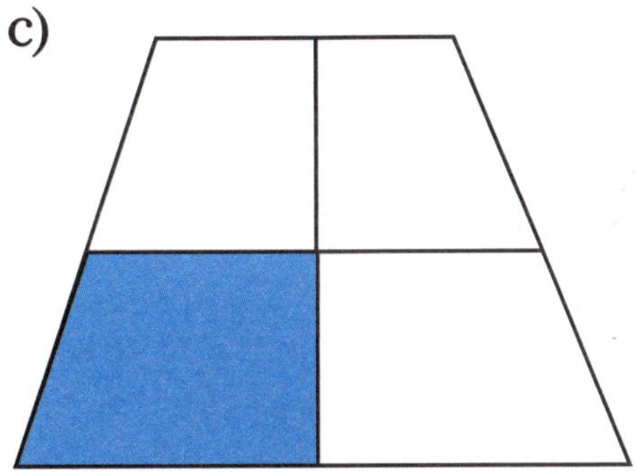

( )

---

393 Registre a fração que representa a parte pintada de cada figura e escreva como se lê cada uma.

a)

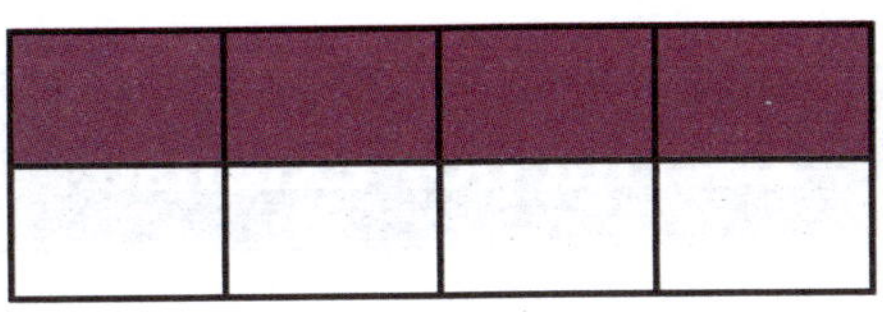

____

____

b)

____

____

c) 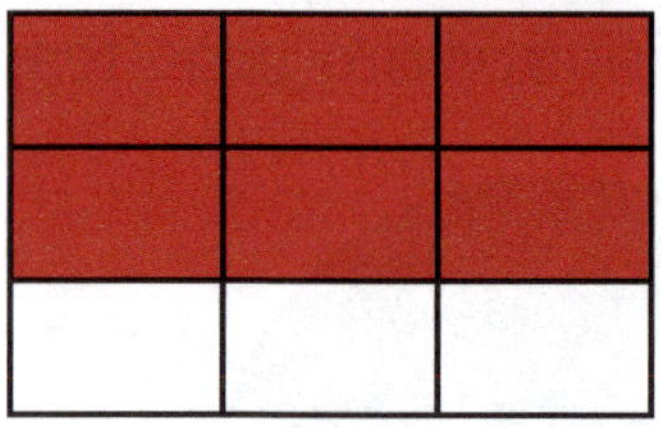

d) 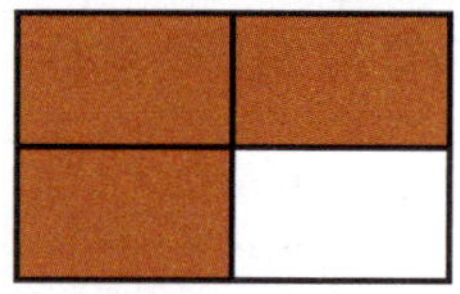

---

394 Escreva numericamente as frações a seguir.

a) dois terços: ______________ b) três sextos: ______________

c) quatro décimos: ______________ d) um meio: ______________

e) seis oitavos: ______________ f) oito nonos: ______________

---

395 Complete o quadro abaixo escrevendo a fração numérica correspondente à parte pintada de cada figura e, em seguida, como se lê.

Figura	Fração numérica	Escrita por extenso
a) 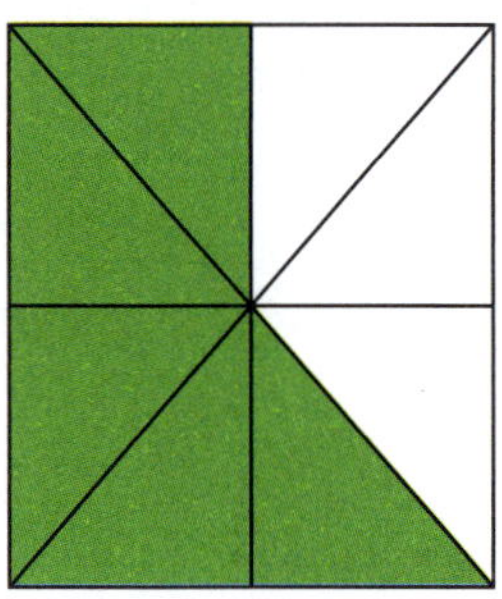		

b) 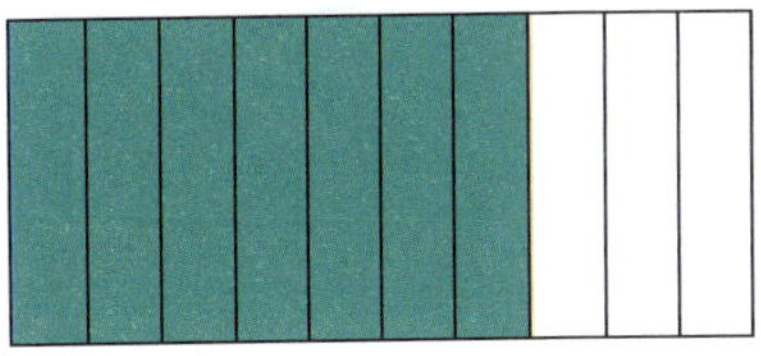		
c) 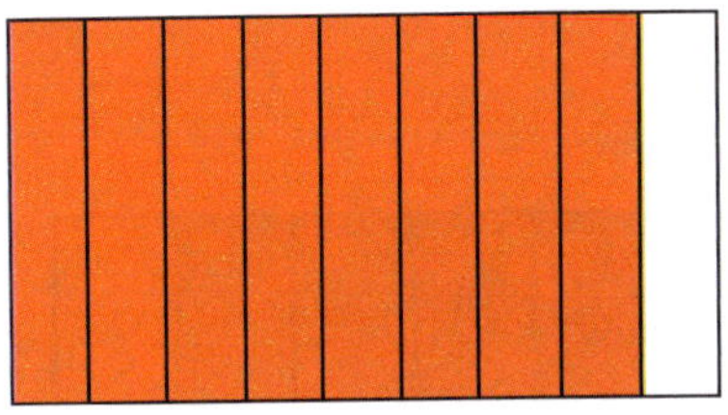		
d) 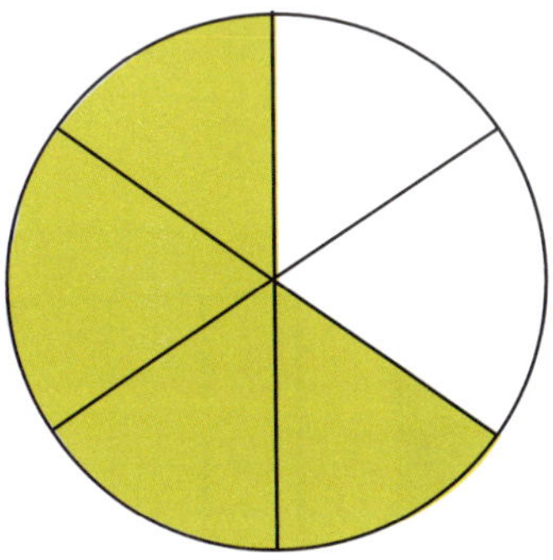		

396 Pinte em cada figura a parte correspondente à fração indicada e escreva como se lê.

a) 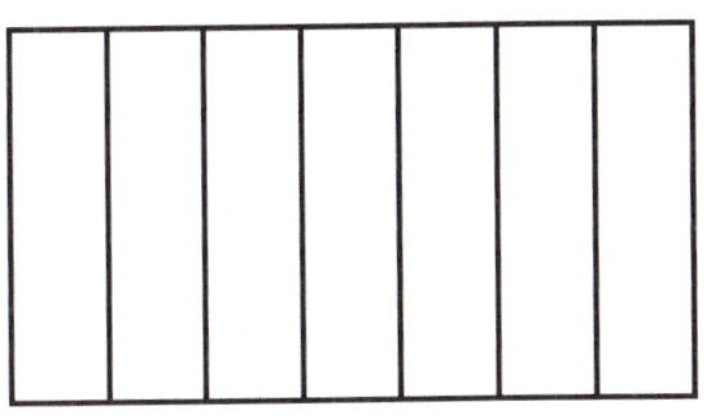 $\frac{5}{7}$

b) 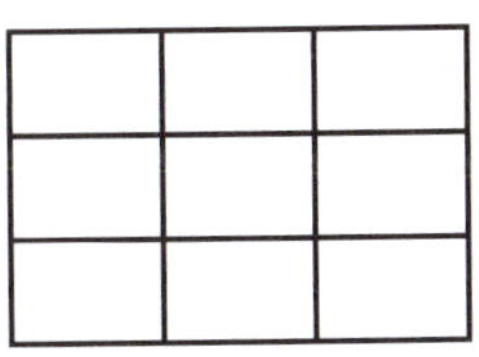 $\frac{3}{9}$

c) 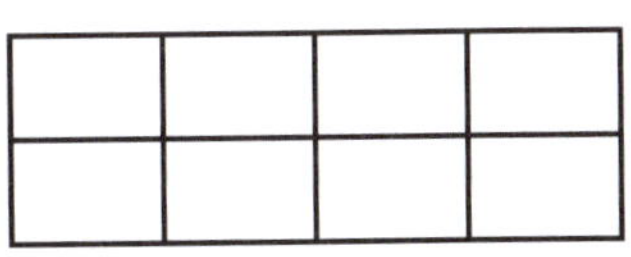 $\frac{3}{8}$

397 Pinte cada círculo conforme a fração indicada.

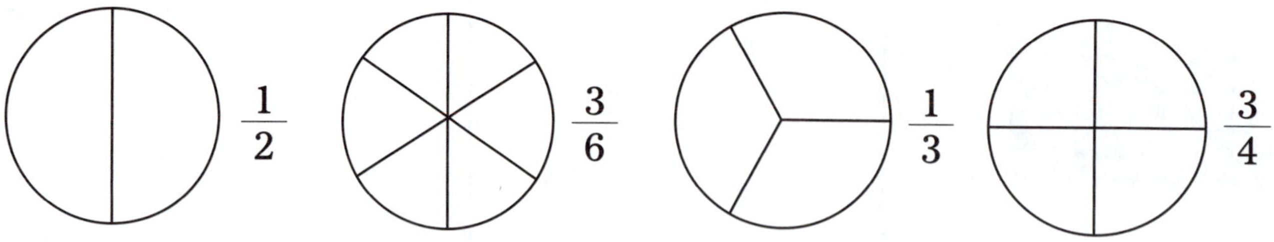

398 Escreva como lemos a fração correspondente à parte pintada de cada figura abaixo.

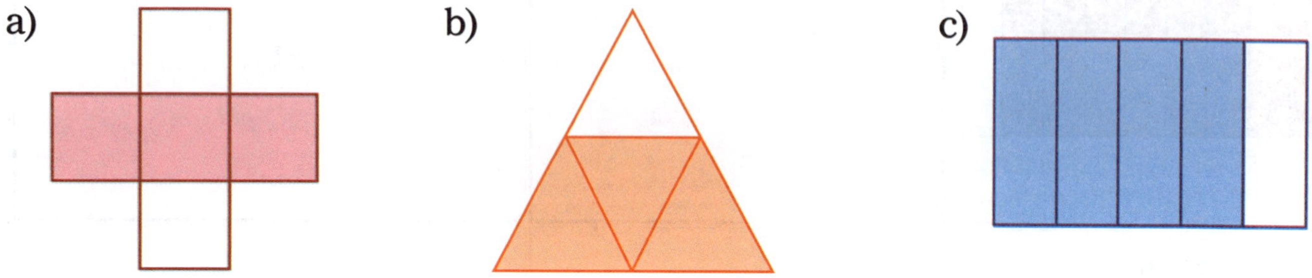

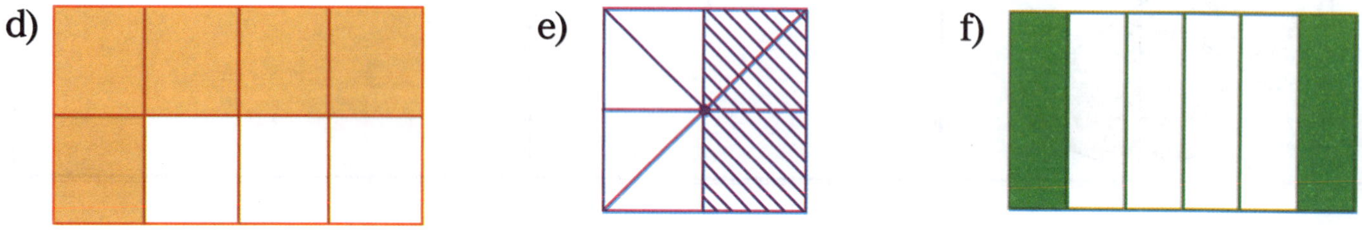

399 Observe a figura e complete:

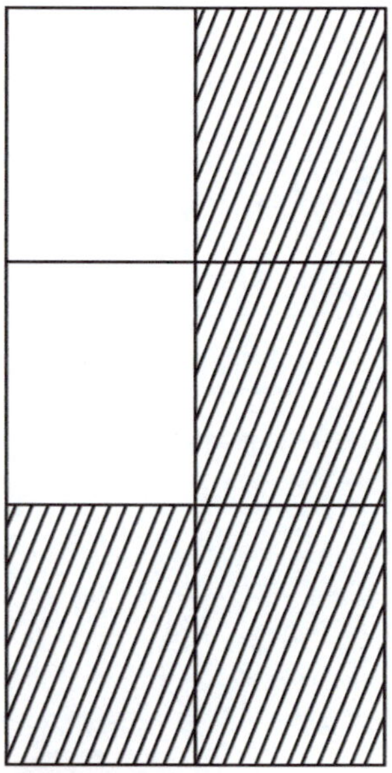

Número de partes do mesmo tamanho em que o inteiro foi dividido:

____

- Fração que representa as partes que foram pintadas:

____

- Fração que representa as partes que não foram pintadas:

____

400 Observe a figura ao lado e responda às questões.

a) Em quantas partes a flor foi dividida?

b) Quantas partes foram pintadas?

c) Qual é a fração que corresponde à parte pintada dessa figura?

d) Qual é a fração que indica a parte dessa figura que não foi pintada?

401 Observe as figuras abaixo e preencha a tabela. Siga o exemplo.

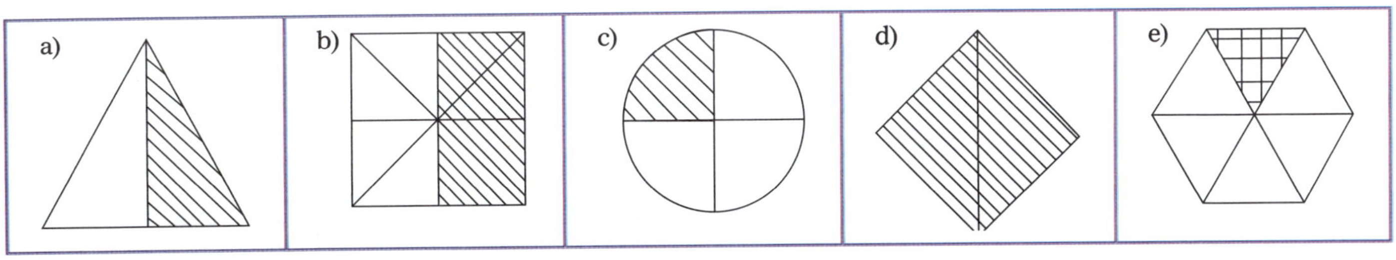

Figura	Partes pintadas	Total de partes	Fração	Escrita por extenso
a)	1	2	$\frac{1}{2}$	um meio ou metade
b)				
c)				
d)				
e)				

402 Pinte em cada figura a parte correspondente à fração indicada e escreva como se lê.

a) 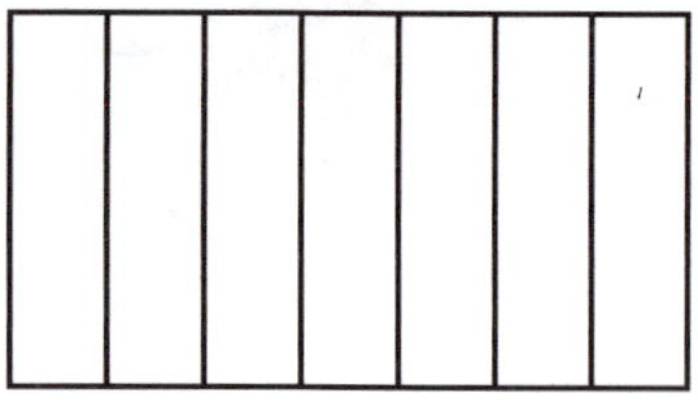 $\frac{4}{7}$ ____________________

b) 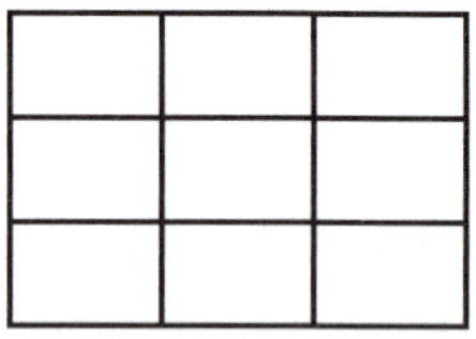 $\frac{6}{9}$ ____________________

c) 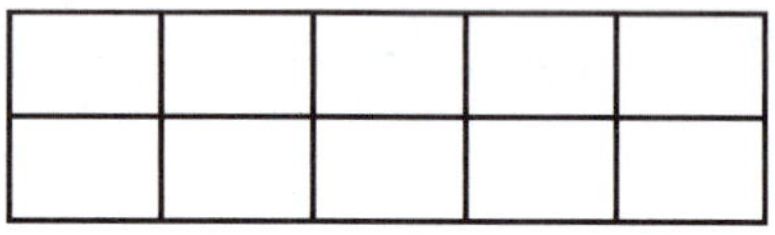 $\frac{3}{10}$ ____________________

403 Agora, escreva a fração que corresponde à parte não pintada de cada figura do exercício anterior.

a) ☐ b) ☐ b) ☐

404 Circule a fração que corresponde à parte pintada de cada figura. Depois, escreva como se lê cada uma delas.

a) 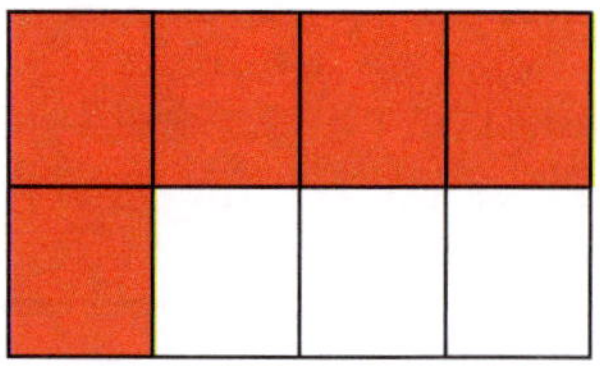 $\frac{5}{8}$ $\frac{8}{5}$ $\frac{5}{3}$

b) 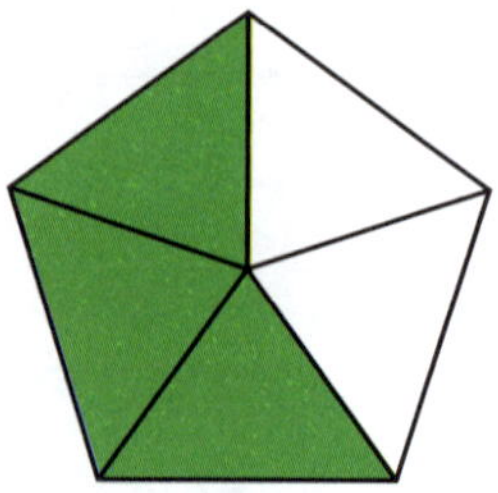 $\frac{3}{4}$ $\frac{3}{5}$ $\frac{2}{3}$

____

c) 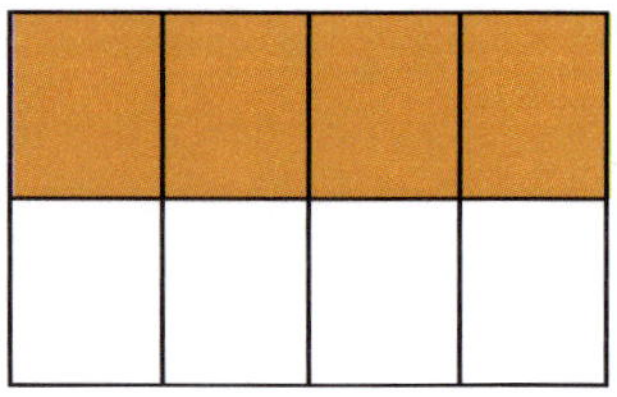 $\frac{4}{6}$ $\frac{4}{8}$ $\frac{6}{4}$

d) 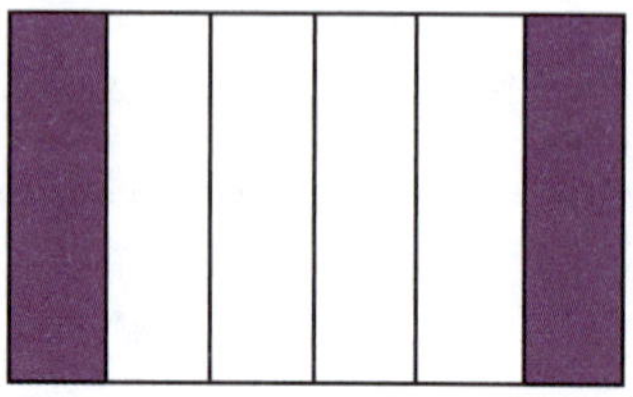 $\frac{6}{2}$ $\frac{2}{4}$ $\frac{2}{6}$

____

405 Em qual das figuras a parte pintada representa $\frac{1}{9}$ (um nono) da figura toda?

a) 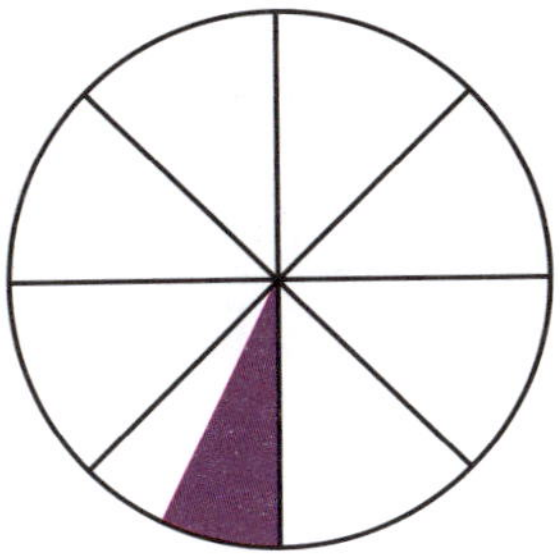 ( )

b) 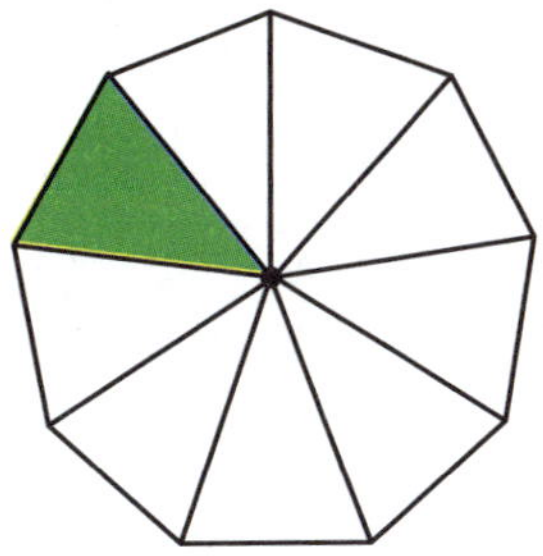 ( )

c)  ( )

406 Observe as frações abaixo.

$\frac{2}{7}$ $\frac{5}{9}$ $\frac{3}{8}$ $\frac{1}{3}$

a) Qual dessas frações tem o maior numerador?

____

b) E o menor denominador?

____

c) Circule a figura que representa a fração $\frac{2}{10}$.

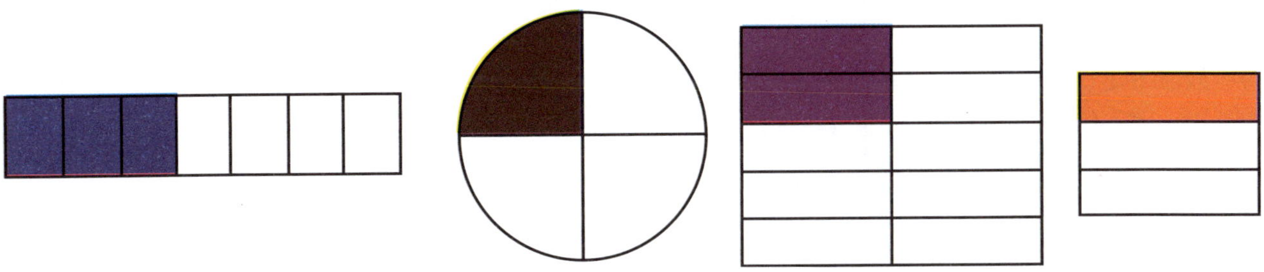

407 Complete a tabela abaixo.

Figura	Fração numérica (parte pintada)	Escrita por extenso
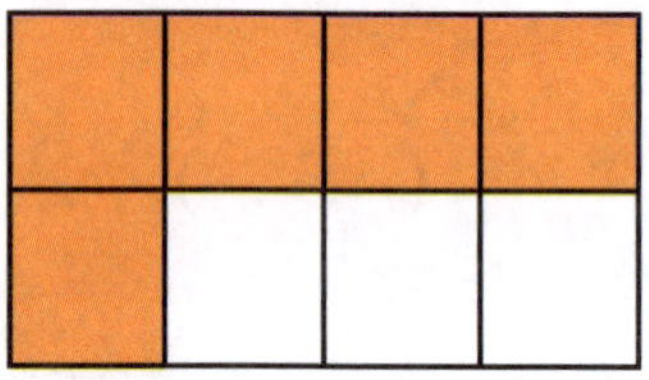		
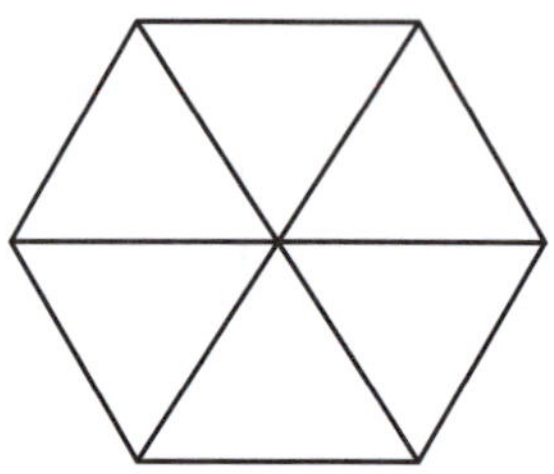		Um meio ou metade
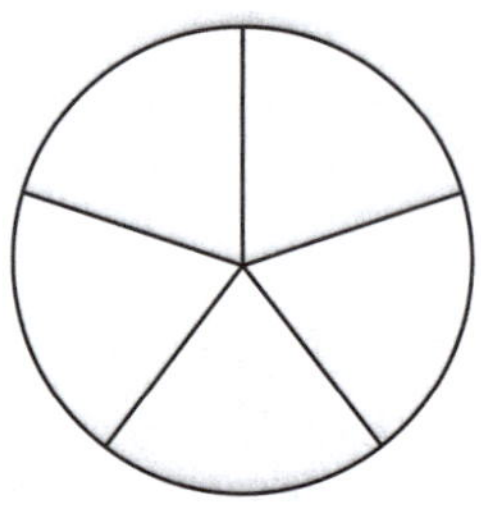	$\frac{3}{5}$	
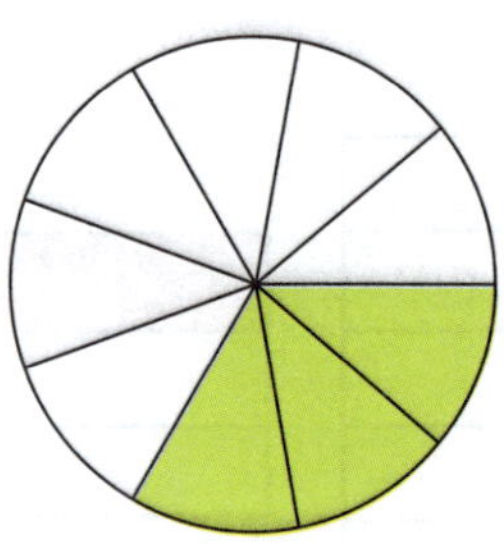	$\frac{3}{9}$	

408 Ligue cada fração a sua representação e, em seguida, escreva como se lê cada uma delas nos espaços indicados.

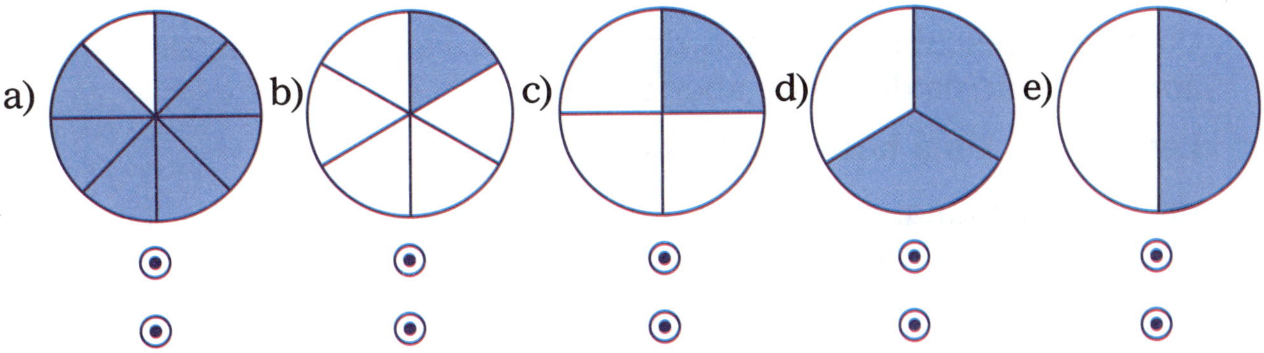

$\frac{1}{6}$ $\frac{1}{2}$ $\frac{7}{8}$ $\frac{1}{4}$ $\frac{2}{3}$

a) ______________________________

b) ______________________________

c) ______________________________

d) ______________________________

e) ______________________________

409 Escreva, dentro de cada retângulo, a fração correspondente a cada figura.

a) 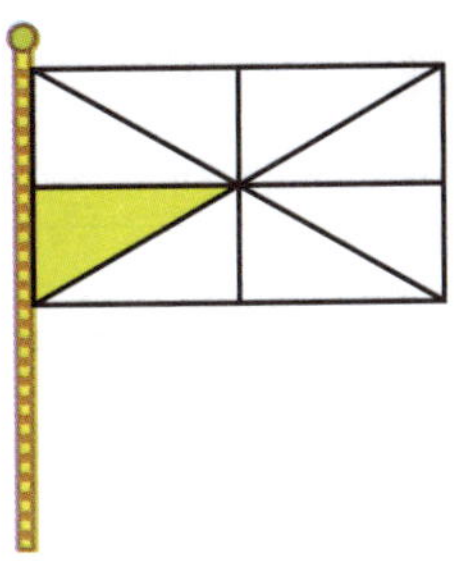

b) 

c) 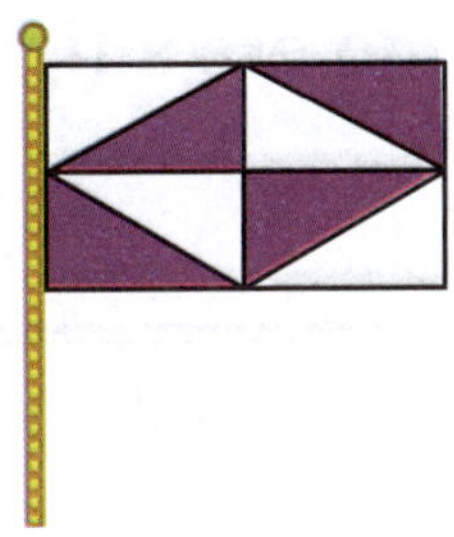

d) 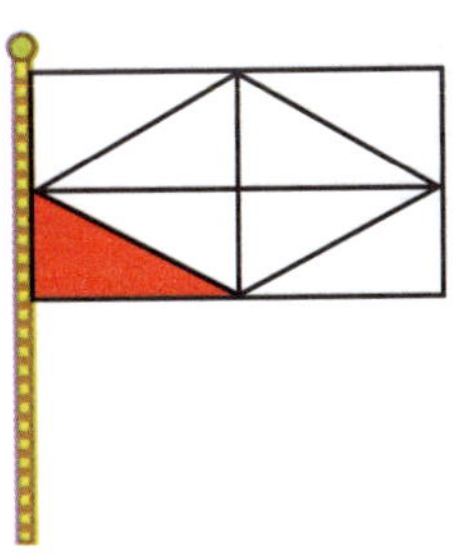

e) 

f) 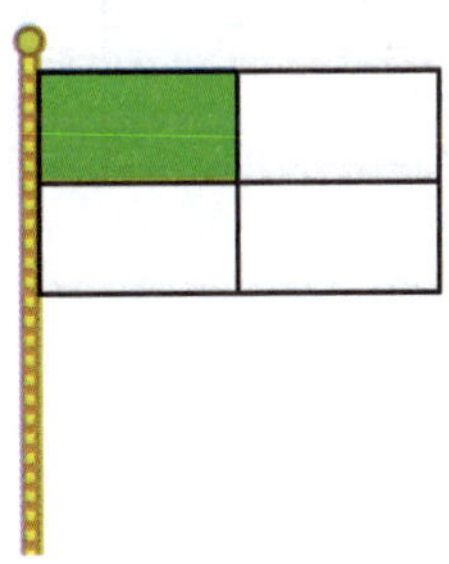

410 O Super Bowl é a final do Campeonato da Liga Nacional de Futebol Americano. É um dos eventos esportivos mais **assistidos** no ano. Para que corra tudo bem no show de abertura, são necessários vários ensaios.

Calcule e descubra o tempo de ensaio, a cada semana, dos grupos de apresentação da dança de abertura.

Lembre-se: Uma hora tem 60 minutos.

a) Na primeira semana, os ensaios duram 4 horas e $\frac{1}{2}$ por dia. Quantos minutos eles ensaiam por dia?

b) Na semana do evento, os ensaios diminuem e passam a durar, por dia, $\frac{1}{2}$ hora. Quantos minutos eles ensaiam por dia?

c) No dia do evento, todos os dançarinos precisam se aquecer para fazer os movimentos. O aquecimento dura $\frac{1}{4}$ de hora. Quantos minutos eles ficam se aquecendo?

411 Veja como duas crianças resolveram o problema abaixo:

O triângulo ao lado representa $\frac{1}{4}$ de uma figura.
Como era a figura inteira?

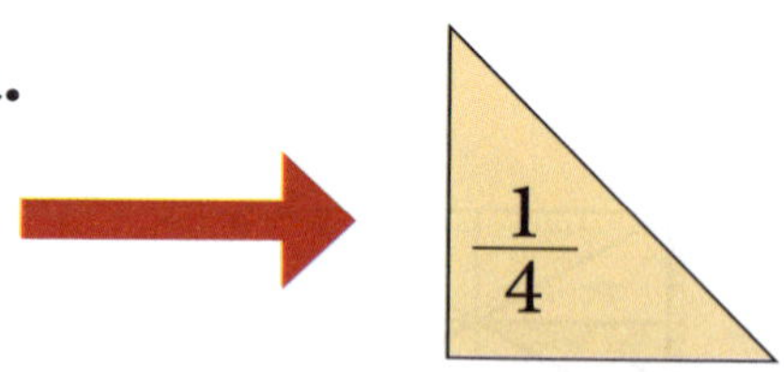

A resposta de Marcela foi:

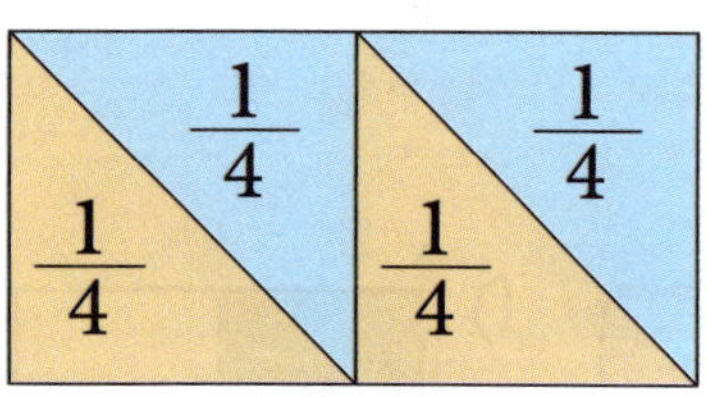

A resposta de Mário foi:

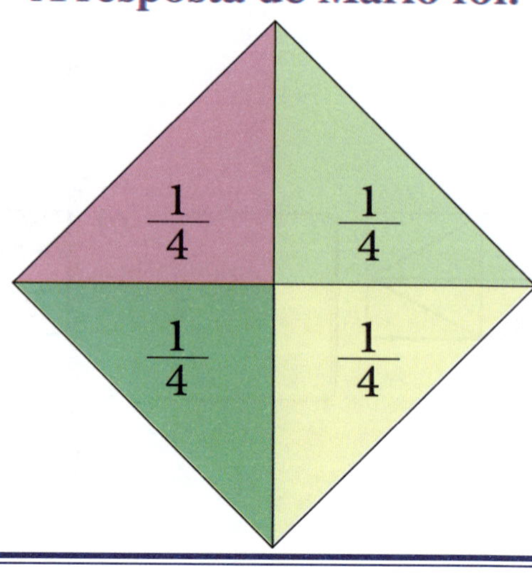

Quem resolveu corretamente o problema, Marcela ou Mário? Por quê?

412 **O retângulo abaixo representa $\frac{1}{3}$ de um inteiro**

Como é esse inteiro? Desenhe utilizando a régua.

413 Circule as figuras que têm um quarto $\left(\frac{1}{4}\right)$ pintado.

a) 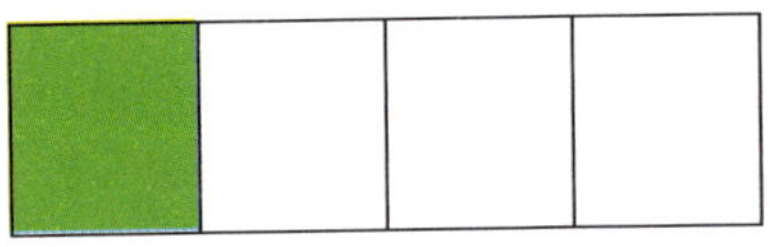

b) 

c) 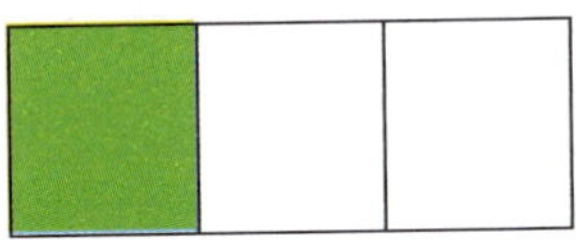

d) 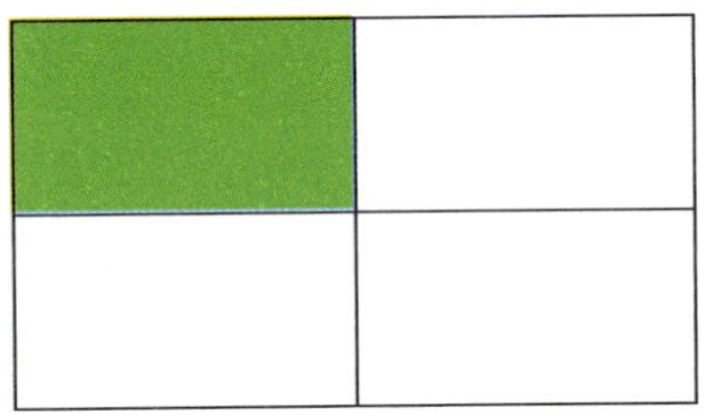

414 Assinale as alternativas que explicam corretamente as suas escolhas.

( ) A figura **A** foi dividida em quatro partes iguais e uma parte foi pintada.
( ) A figura **B** foi dividida em duas partes iguais e uma parte foi pintada.
( ) A figura **C** foi dividida em três partes diferentes e uma parte foi pintada.
( ) Na figura **D**, o inteiro foi dividido em quatro partes iguais e uma parte foi pintada.

415 Reescreva as frases que você não assinalou tornando-as corretas.

OS VIDROS E AS FRAÇÕES

416 Um vidraceiro está colocando vidros coloridos em duas portas. Ele já realizou parte do serviço. Observe e responda:

Legenda: ▢ vidros colocados

a)

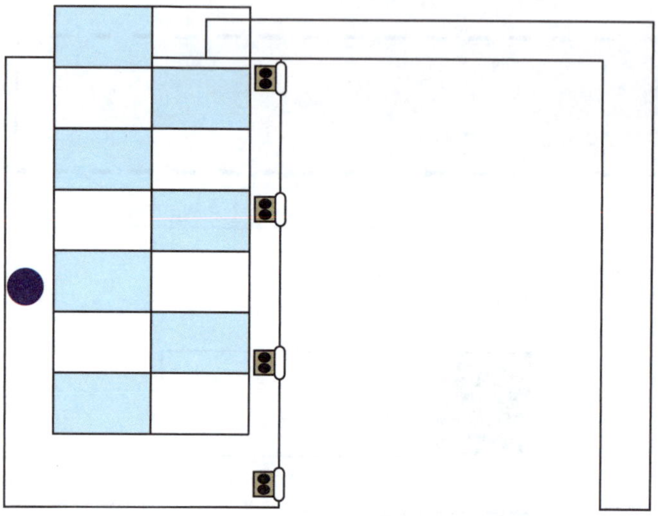

Foram colocados ______ vidros.

Faltam colocar ______ vidros.

Escreva a fração que representa o número de vidros já colocados:

______

Escreva como lemos a fração:

______

b)

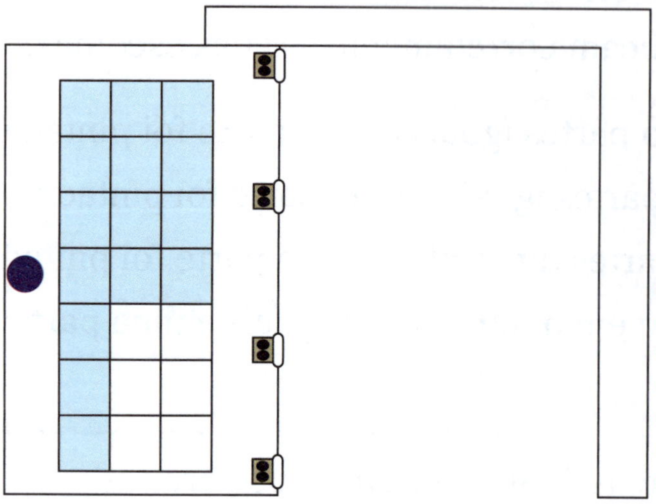

Foram colocados ______ vidros.

Faltam colocar ______ vidros.

Escreva a fração que representa o número de vidros que ainda serão colocados: ______

Escreva como lemos a fração:

______

c) Desenhe uma porta com 18 vidros e pinte a metade. Escreva ao lado a fração que representa a parte que você pintou.

PINTANDO FIGURAS

417 Lápis de cor na mão e vamos pintar!

Pinte na primeira figura a mesma fração que foi colorida na segunda figura e depois, represente as frações com algarismos e escreva-as como lemos.

a)

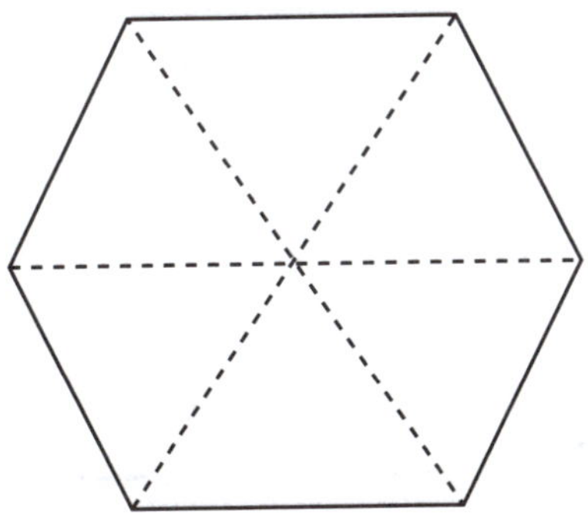

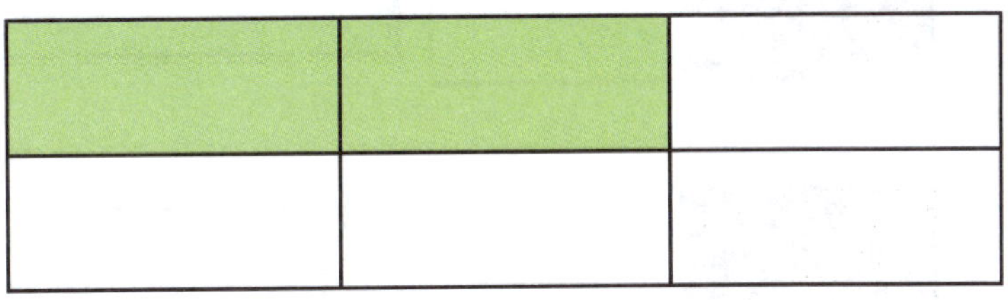

b)

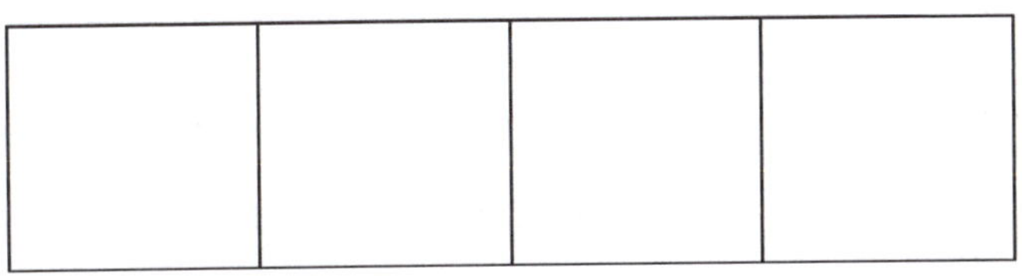

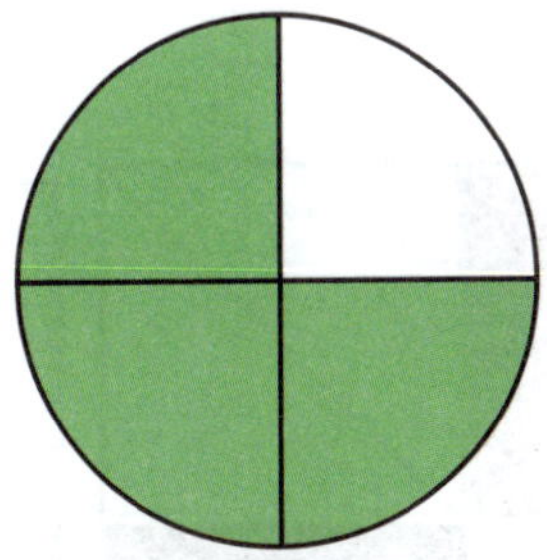

418 A figura abaixo está dividida. Podemos dizer que cada parte representa $\frac{1}{4}$ (um quarto) da figura? Explique.

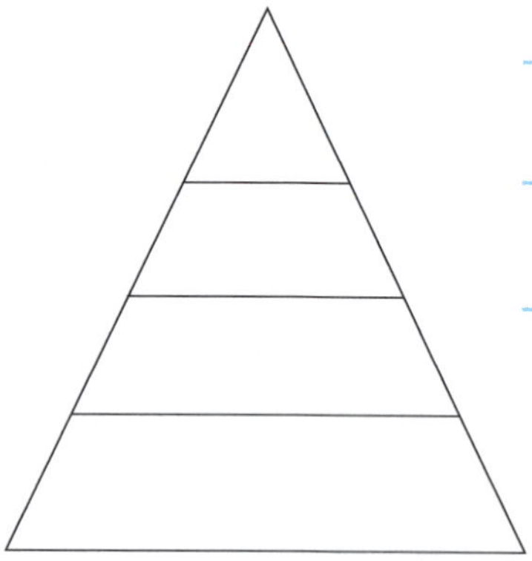

QUANTAS PARTES?

419 Observe as figuras e complete as tabelas com as informações adequadas:

a)

Em quantas partes a figura está dividida?	Fração que representa a parte **não** pintada:

b)

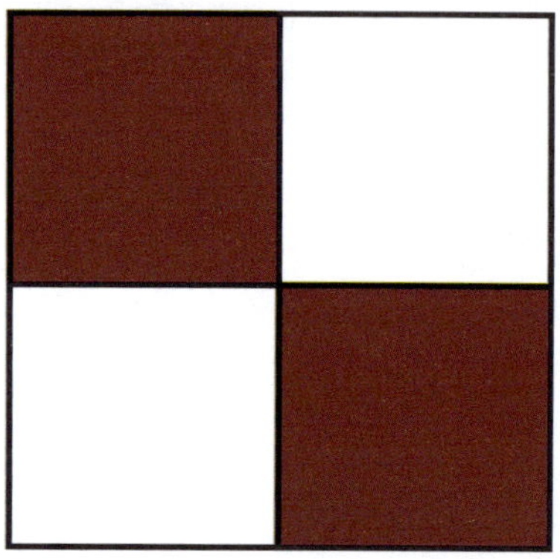

Em quantas partes a figura está dividida?	Fração que representa a parte **não** pintada:

c)

Em quantas partes a figura está dividida?	Fração que representa a parte **não** pintada:

420 Utilize o quadrado abaixo. Com a régua, divida-o em três partes iguais, pinte duas e anote ao lado o que se pede:

a) Fração que representa o total de partes:

b) Fração que representa o total de partes pintadas:

c) Fração que representa as partes não pintadas:

421 Escreva a fração que representa a parte branca (não pintada) de cada uma das figuras.

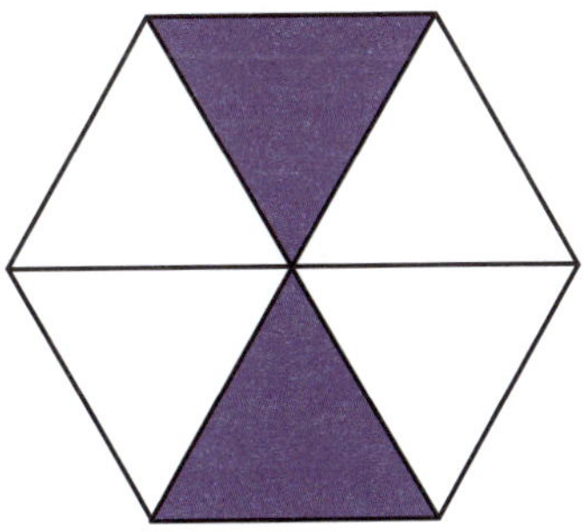

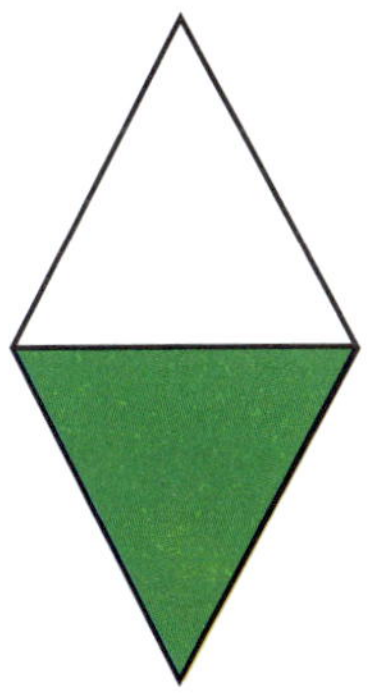

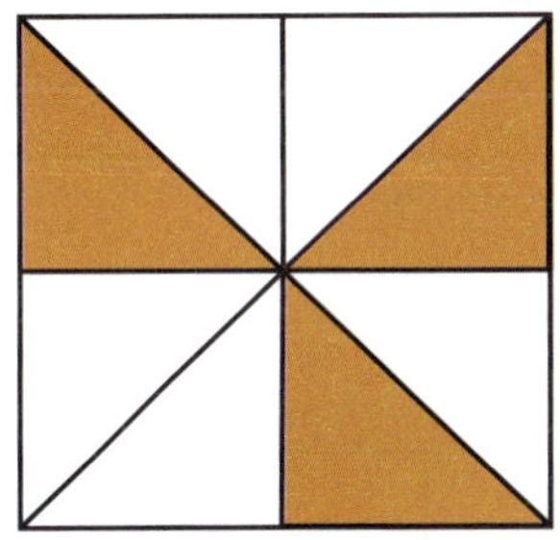

422 Ligue a fração correspondente à figura que a representa.

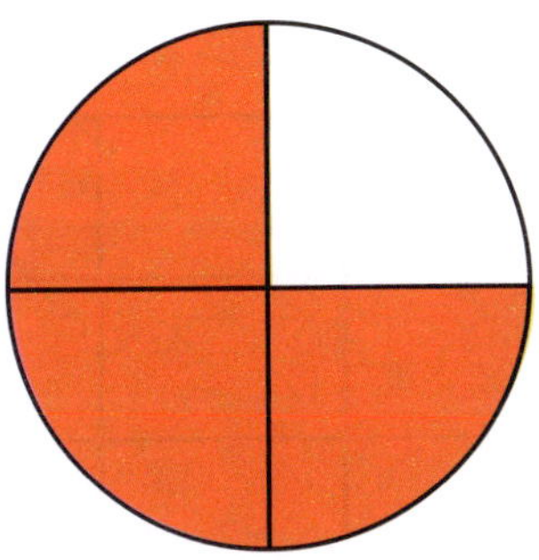

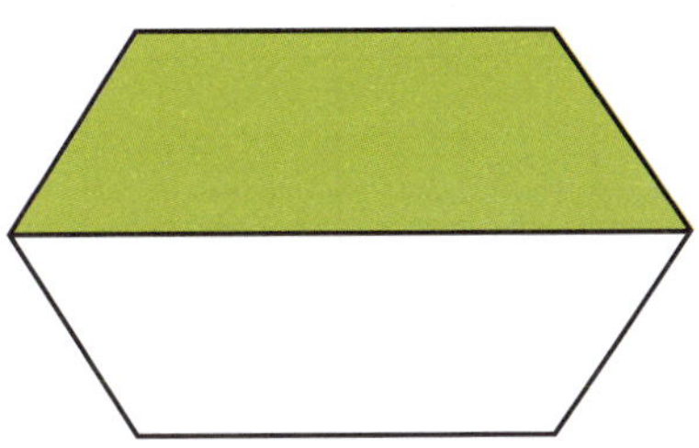

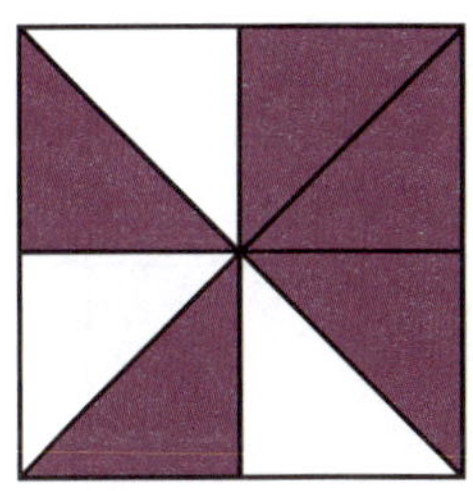

$\frac{1}{2}$ um meio $\qquad$ $\frac{5}{8}$ cinco oitavos $\qquad$ $\frac{3}{4}$ três quartos

DESENHANDO FIGURAS

423 Utilize a malha quadriculada para representar as frações abaixo e escreva nos parênteses como as lemos.

a) $\frac{5}{8}$ (____)

b) $\frac{3}{9}$ (____)

c) $\frac{2}{4}$ (____)

PIZZAS E FRAÇÕES

424 Carlinhos foi à pizzaria com seus amigos Gabriel e Antônio. Pediram ao garçom uma pizza tamanho grande que foi dividida em oito partes iguais. Carlinhos comeu três pedaços e Gabriel e Antônio comeram dois pedaços cada.

Pinte a quantidade que cada um dos meninos comeu em relação ao total de oito pedaços.

Carlinhos	Gabriel	Antônio
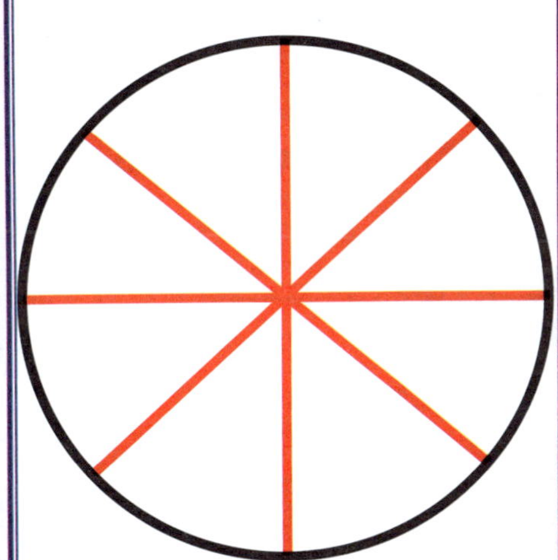	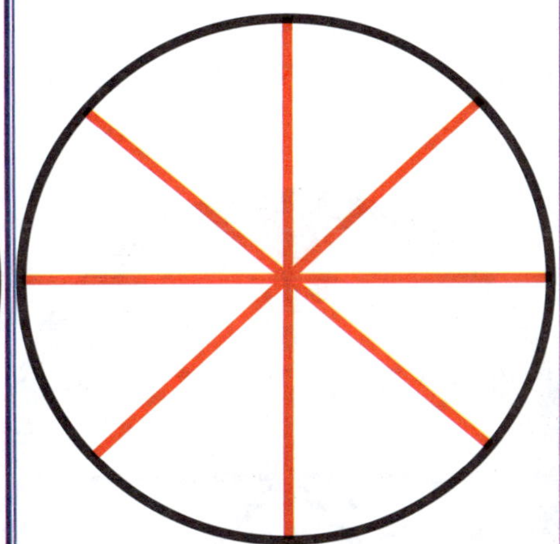	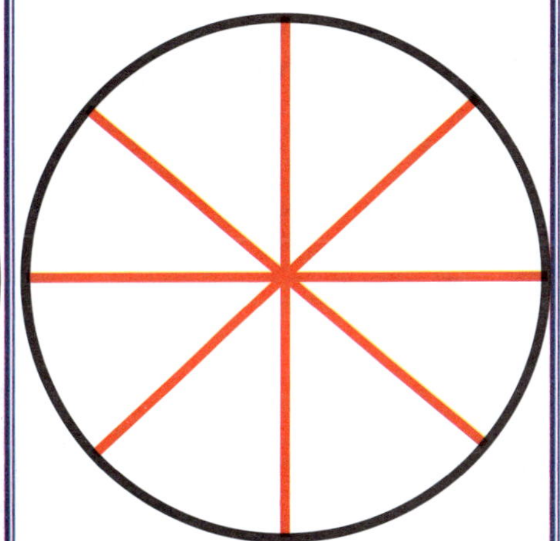

Agora responda representando com frações:

a) Carlos comeu três pedaços, portanto comeu: ____________________

b) Gabriel comeu dois pedaços, portanto comeu: ____________________

c) Antônio comeu dois pedaços, portanto comeu: ____________________

d) E ainda restou um pedaço que pode ser representado por: ____________________

425 Observe a gravura da pizza e responda às questões.

a) Em quantas partes iguais foi dividida a pizza? ____________________

b) Que fração representa quantos pedaços foram comidos? ____________________

c) Resta que fração da pizza para ser comida? ____________________

426 Uma doceira fez um bolo de brigadeiro e dividiu-o em 8 pedaços iguais. Ela vendeu $\frac{6}{8}$ desse bolo. Que fração sobrou dele?

Resposta: ____________________

427 Fiz $\frac{3}{5}$ dos exercícios que tinha de tarefa. Que fração dos exercícios eu deixei de fazer?

Resposta: ______________________

428 A professora do 4º ano dividiu seus alunos para fazerem um trabalho sobre as regiões brasileiras. Metade da classe ficou com as regiões Sul e Sudeste, $\frac{1}{4}$ com as regiões Norte e Nordeste e o restante ficou com a região Centro-Oeste. Qual fração representa os alunos que ficaram com a região Centro-Oeste?

Resposta: ______________________

429 Uma escola tem 42 professores. Desses, $\frac{4}{6}$ são mulheres. Que fração corresponde aos professores do sexo masculino?

Resposta: ______________________

430 Em um prédio, há apartamentos de 2 e de 3 dormitórios. Sabendo-se que $\frac{7}{12}$ desses apartamentos são de 3 dormitórios, que fração corresponde aos apartamentos de 2 dormitórios?

Resposta: ______________________

431 Um fazendeiro semeia $\frac{5}{9}$ de sua fazenda com milho e $\frac{3}{9}$ com café. Qual é a fração que representa o total semeado?

Resposta: ______________________

432 Célia é boleira. Ela usou $\frac{1}{4}$ do pacote de açúcar para fazer um bolo. Que fração representa o quanto de açúcar sobrou no pacote?

Resposta: ______________________________

433 Fique atento ao ditado de frações. Registe nos espaços abaixo as frações que a sua professora ditar.

a)	b)	c)
d)	e)	f)
g)	h)	i)

434 Agora, escreva como se lê as frações que a sua professora ditou:

a) ______________________________

b) ______________________________

c) ______________________________

d) ______________________________

e) ______

f) ______

g) ______

h) ______

i) ______

GRANDEZAS E MEDIDAS

435 Represente as horas exatas nos relógios:

8 horas

6 horas

15 horas

21 horas

436 Represente as horas pedidas nos relógios:

9h30min

11h30min

14h30min

437 Os horários a seguir mostram o início de cada aula e do intervalo no período da manhã.

a) Coloque os ponteiros indicando o horário indicado;

b) Complete o registro com a anotação que falta.

7h	**7h45min**		**9h15min**

7:00		8:30	

	10h30min		**12h**

9:45		11:15	

438 Os grupos iniciaram as jogadas às 7 horas e 30 minutos. Terminaram às 9 horas.

a) Desenhe nos relógios a seguir, os ponteiros de horas e minutos, indicando o início e o término do jogo.

Início do jogo

Término do jogo

b) Se os grupos iniciaram o jogo às 7 horas e trinta minutos e terminaram às nove horas, quanto tempo eles jogaram?

Resposta: ____________________

439 Veja no relógio o horário que Carolina colocou um bolo para assar.

O bolo estará pronto em 40 minutos.

Que horas ela deverá retirá-lo do forno?

Resposta: ____________________

440 Thais foi levar seus dois filhos ao cinema, mas saíram atrasados de casa. Por sorte, conseguiram chegar na hora exata em que o filme começou. Ao lado da bilheteria, havia um relógio que marcava o seguinte horário:

Téo, filho da Thais está aprendendo horas na escola e percebeu que o horário no ingresso estava escrito de maneira diferente daquela que ele via no relógio da parede.

O que Téo via no bilhete?

a) 15: 03

b) 03: 05

c) 15: 25

d) 05: 17

---

441 Michele ganhou um relógio de aniversário e precisa ajustá-lo para que marque as horas corretamente. Ela acertou as horas verificando o relógio digital que há no quarto de seus pais.

Veja:

Coloque os ponteiros no relógio de Michele de forma que eles marquem a hora certa:

442 Cristiane percebeu que seu celular estava com pouca bateria. Ela iria acabar em 40 minutos.

Veja o horário no celular de Cristiane.

Qual o horário que a bateria iria acabar?

a) 02: 44

b) 02: 54

c) 02: 34

d) 03: 00

443 Juliana tinha que ir à reunião na escola de sua filha às 13h30 minutos. Olhou no relógio de trabalho e viu o seguinte horário.

Juliana está:

a) Adiantada mais de uma hora para a reunião;

b) Adiantada uma hora para a reunião;

c) Atrasada mais de uma hora para a reunião;

d) Atrasada uma hora para a reunião.

---

444 Maria José pediu que os alunos colocassem os ponteiros no relógio marcando 16h35min.

Qual dos alunos colocou os ponteiros corretamente?

Luca	Lavínia	Luiza	Pedro

445 Da sua casa até a escola Carolina vai à pé e gasta 12 minutos. Ela faz esse trajeto na ida e na volta. Ela vai a escola de segunda à sexta-feira.
Quanto tempo ela gasta em uma semana para fazer esse trajeto?

Resposta: ______________________________

446 Resolva as situações-problema.

a) O pai do meu colega sai todos os dias cedinho para correr no parque. Ele costuma sair às 5h50min. Sempre corre por aproximadamente 1h25min. Que horas ele costuma terminar a sua corrida?

Raciocínio:

Resposta: ______________________________

b) No fim de semana, minha família resolveu ir para a praia descansar. Saímos de casa na sexta-feira, às 18h30min. A viagem durou 3h55min. A que horas chegamos em nosso destino?

Raciocínio:

Resposta: ______________________________

447 Sua professora ditará alguns horários. Desenhe os ponteiros, marcando o horário ditado:

A

B

C

D

E

F

G

H

I

J

K

L

M

N

O

P

448 Complete a tabela:

	Horas	Minutos
a)	1	
b)		120
c)	3	
d)	4	
e)		300
f)	6	
g)	7	

449 A aula de karatê de Leonardo começa às 8h30min da manhã. Cada aula tem a duração de 45 minutos. Na terça-feira, ele faz uma aula e na sexta-feira duas aulas.

Quanto tempo ele faz karatê por semana?

a) 2h25min;

b) 2h15min;

c) 90 minutos;

d) 180 minutos

MEDIDAS DE CAPACIDADE

450 Observe a jarra graduada:

a) Qual é a medida de capacidade mínima indicada na jarra?________________________.

b) E a máxima?________________________.

c) Quantos copos de 100mL cabem nessa jarra?________________________.

d) E quantos copos de 200 mL?________________________.

e) Como você faria para medir 500mL usando essa jarra?

____.

f) Quantas jarras dessa eu preciso para ter um litro?________________________.

---

451 Quantos copos de 200 mL é possível servir com um litro de refrigerante?

a) Exatamente 5 copos;

b) Mais de 5 copos;

c) Menos de 5 copos;

d) Exatamente 6 copos.

---

452 Usando um copo de 300 mL, a mãe de Marcela encheu um recipiente com capacidade para 3 litros.

Quantos copos ela usou? ____

453 Com 2L de suco consigo encher quantos copos de 250 mL?

454 Com 3L de leite consigo servir quantas xícaras de 150 mL?

455 Quantos potes de 200 mL de iogurte são necessários para se obter 2 litros?

ESTIMANDO MEDIDAS

456 Observe as imagens a seguir e pense nos objetos reais. Indique, em cada caso, qual a medida de comprimento que você acredita ser a correta. Depois, confira o gabarito para ver se acertou!

Lembre-se de que 1 metro = 100 centímetros!

Uma janela

( ) 2 mm
( ) 2 cm
( ) 2 m

Um apontador

( ) 2 m
( ) 5 cm
( ) 20 cm

Estes óculos

( ) 12 m
( ) 12 cm
( ) 1 m e 20 cm

Uma cadeira

( ) 8 m
( ) 8 cm
( ) 80 cm

457 Nas próximas imagens, indique qual medida de massa é a mais provável.

Um caderno  ( ) 500 kg ( ) 500 g	**Um cachorro adulto**  ( ) 15 kg ( ) 15 g
Uma boneca de pano  ( ) 300 g ( ) 300 kg	**Uma melancia**  ( ) 3 g ( ) 3 kg

458 Resolva as questões a seguir:

a) Faltam 24 dias para o aniversário de 10 anos da Clara. Quantas semanas completas faltam para esse dia chegar?

( ) 3 semanas

( ) 4 semanas

( ) 5 semanas

b) Nas férias de fim de ano, a família Silva foi viajar. Ficaram 37 dias conhecendo várias cidades da região Sul do Brasil. Esse tempo é o mesmo que:

( ) 7 semanas e 2 dias.

( ) 5 semanas.

( ) 5 semanas e 2 dias.

c) A mãe de Carlos comprou copos descartáveis de 200 ml para servir suco na festa de aniversário dele. Ao final da festa, ela verificou que foram consumidos 7 litros de suco. Quantos copos descartáveis foram possíveis de encher com essa quantidade?

Raciocínio:

Resposta: ______________________________

459 Complete:

a) 1 litro tem ______________ ml.   b) 1,5 litro tem ______________ ml.

c) 5 litros têm ______________ ml.   d) 10 litros têm ______________ ml.

e) ½ litro tem ______________ ml.

460 Calcule a medida de massa indicada em cada balança e desenhe o ponteiro.

461 Assinale a alternativa correta em cada situação-problema:

a) Ana Claudia tem uma barraca de sucos na praia. No fim de semana, ela costuma vender, aproximadamente, 70 copos de 200 ml. Isso corresponde a:

( ) 70 litros

( ) 14 litros

( ) 7 litros

b) O ano letivo escolar tem 200 dias. Esse tempo é o mesmo que:

( ) 40 semanas

( ) 28 semanas e 4 dias

( ) 24 semanas e 8 dias

c) Marcio fez uma viagem de carro para o Rio de Janeiro. Ele percorreu 405 km. Sabendo-se que o carro dele percorre 9 km com um litro de gasolina, ele precisou de:

( ) 3645 litros de gasolina.

( ) 45 litros de gasolina.

( ) 405 litros de gasolina.

d) André quis fazer um churrasco para comemorar o seu aniversário. Ele comprou 8,5 kg de carne. Quantos gramas de carne foram comprados?

( ) 85 gramas.

( ) 850 gramas

( ) 8500 gramas.

462 Escolha a unidade de comprimento mais adequada (quilômetro, metro, centímetro ou milímetro) para medir:

a) um carro ______________________.

b) um bebê que acabou de nascer ______________________.

c) um prédio de 5 andares ______________________.

d) a distância entre duas cidades ______________________.

e) uma formiga ______________________.

f) uma piscina ______________________.

---

463 Toda semana João Carlos ganha R$ 15,00 de seus pais. Quantos reais ele consegue juntar, aproximadamente, em 2 meses?

Raciocínio:

Resposta: ______________________

---

464 A distância entre a casa do André e a escola em que estuda é de 8 000 metros. Quantos quilômetros ele percorre por dia para ir ao Colégio e voltar?

Raciocínio:

Resposta: ______________________

Leia os textos a seguir, e resolva as questões.

Texto 1

Jacaré-do-pantanal

Caiman yacare

Nome científico: Caiman crocodilus yacare

Hábitos alimentares: Carnívoro.

Informações gerais:

Os répteis recebem este nome devido ao seu tipo de locomoção, reptare = rastejar, arrastar, pois seus membros estão implantados no corpo quase horizontalmente e a sustentação do corpo fica prejudicada obrigando o animal a arrastar a face ventral durante a locomoção. O número total de dentes varia de 72 até 82 assim distribuídos. (...)

Dieta:

Alimentam-se de peixes e outros vertebrados como capivaras, catetos e serpentes, também predam invertebrados como moluscos, insetos e crustáceos.

Tamanho: 2,5 a 3m de comprimento.

Reprodução: Ovíparos, colocam de 20 a 30 ovos. Para fazer o ninho, procuram lugares de difícil acesso cavando um buraco no chão e utilizam galhos, areia e folhas para cobrir o mesmo..

Fonte: http://www.aquariodesp.com.br/ru/index.php/jacare-do-pantanal

Texto 2

Onça-pintada

Panthera onca

Fonte da imagem: https://www.infoescola.com/mamiferos/onca-pintada/

Nome Científico: Panthera onca

Alimentação: Suas presas consistem de animais silvestres como catetos, capivaras, peixes, queixadas, jacarés, veados, tatus.

Reprodução: 93 a 105 dias com dois filhotes normalmente.

Saiba mais: Este é o maior felino do continente americano. Tem até 1,90 metro de comprimento e 80 centímetros de altura. Os machos pesam cerca de 20% a mais do que as fêmeas, podendo chegar a 135 kg.

A onça-pintada pode viver em vários tipos de hábitat, desde que uma parte da vegetação seja densa. É um animal solitário e territorial. Tem hábitos noturnos. Pode ocupar áreas de 22 km^2 a mais de 150 km^2 (dependendo da disponibilidade de presas). A espécie era encontrada desde o Sudoeste dos Estados Unidos até o Norte da Argentina. Mas está oficialmente extinta nos Estados Unidos e já é uma raridade no México.

Fonte: http://faunaeflora.terradagente.g1.globo.com/fauna/mamiferos/NOT,0,0,1223069,Onca-pintada.aspx

465 Anote no quadro abaixo as medidas de comprimento, de massa e de tempo que aparecem nos textos.

Medida de comprimento – animal a que se refere	Medida de massa - animal a que se refere	Medida de tempo - animal a que se refere

466 Um jacaré-do-pantanal mede aproximadamente 2,5m. Qual seria o comprimento de 2 jacarés?

Resposta: ______________________________

____

467 Reescreva as medidas dos itens abaixo usando os símbolos das unidades de medida de comprimento: metro e centímetro.

a) Uma onça-pintada pode medir 190 cm ou ______________ de comprimento.

468 Sobre altura aproximada da onça-pintada (80 cm), é possível afirmar que:

a) ☐ é maior do que 1 metro.

b) ☐ está entre 1 e 2 metros.

c) ☐ é menor do que 1 metro.

469 Um jacaré-do-pantanal tem cerca de 80 dentes na boca. É mais ou menos que um cento? Por quê?

470 As balanças são instrumentos usados para medir a massa de objetos, pessoas, animais, etc.

Veja abaixo dois modelos de balanças e a capacidade que cada uma tem para medir

Balança A

Fonte da imagem: https://www.indiamart.com/proddetail/100-kg-bench-platform-digital-weighing-scale-18990565612.html

Esta balança permite pesar de 100 kg a 3000 kg.

Balança B

Fonte da imagem: https://www.balancasfilizola.com.br/balanca-contadora-de-pecas-digital-30-kg.html

Esta balança permite pesar até 30 kg.

a) Uma onça-pintada pode pesar aproximadamente 130 Kg. Qual das duas balanças é a mais indicada para medir o peso desse animal? ______

Por quê? ______

b) É possível usar a mesma balança para medir o peso de um casal de onças adultas? ______ Por quê? ______

ANIMAIS AMEAÇADOS DE EXTINÇÃO

Na pesquisa sobre o Pantanal que a turma do 4º ano fez, eles descobriram alguns animais ameaçados de extinção.

Se você fosse ao Pantanal, que animais ameaçados de extinção – dos que aparecem nas imagens abaixo – gostaria de conhecer?

Cervo-do-Pantanal (Blastocerus Dichotomus)

Fonte da imagem: http://g1.globo.com/sp/campinas-regiao/terra-da-gente/fauna/fotos/2015/02/cervo-do-pantanal.html

Arara-azul (Anodorhynchus hyacinthinus)

Fonte da imagem: http://vaniazanquetaciencias.blogspot.com/2011/09/arara-azul-anodorhynchus-hyacinthinus.html

Coral-de-água-doce (Uruguaya corallioides)

Fonte da imagem: https://ciclovivo.com.br/planeta/meio-ambiente/substancia-presente-nos-protetores-solares-ameaca-recifes-de--coral/attachment/12172005_976062795766464_990471151_o/

Vamos fazer uma pesquisa para saber quais animais os meninos e as meninas da sua turma mais gostariam de conhecer.

Seu professor anotará na lousa a escolha de cada aluno. Depois, você copiará os dados em uma tabela e construirá um gráfico de barras múltiplas.

O **gráfico de barras múltiplas** tem duas ou mais barras, como se houvesse dois gráficos em um só.

Veja este exemplo. Observe as legendas para entender os dados das barras.

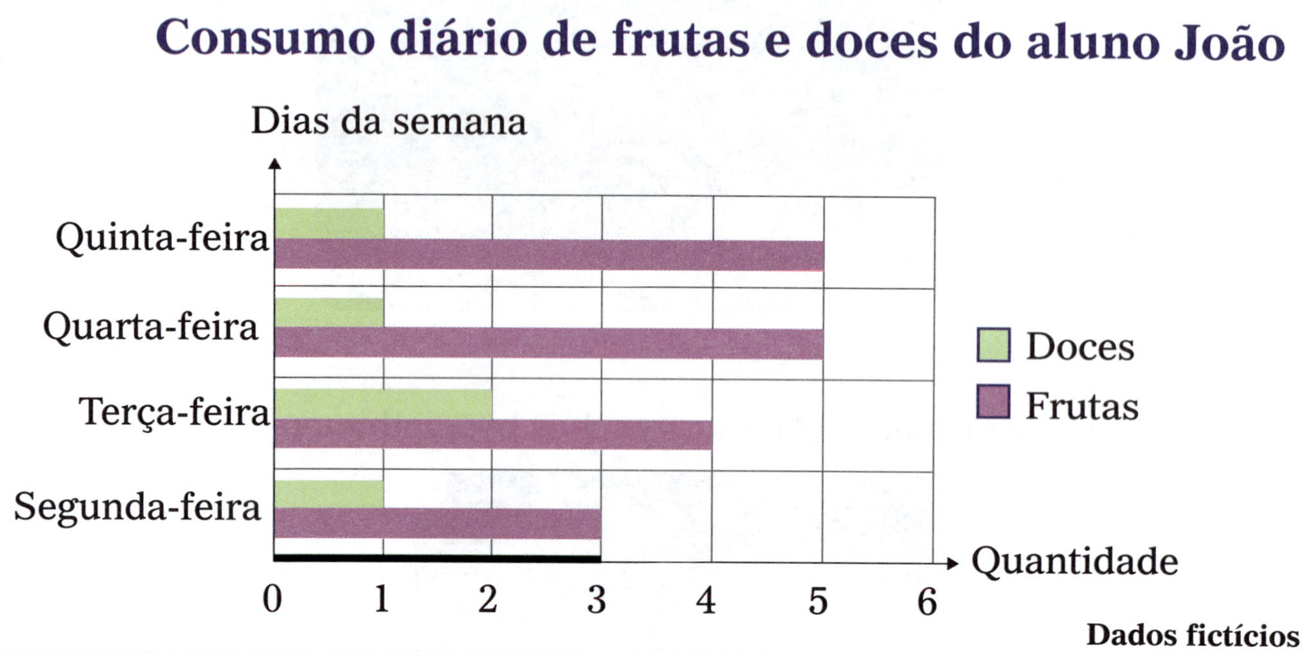

471 Registre na tabela abaixo os dados coletados sobre a preferência de animais que sua turma gostaria de conhecer.

Animal	Escolha dos meninos	Escolha das meninas
Cervo-do-Pantanal		
Arara-azul		
Coral-de-água-doce		

472 Siga as orientações do seu professor e, com os dados do item 1, construa um gráfico de barras múltiplas.

Não se esqueça de registrar todos os elementos: o título, o nome dos dois eixos e a legenda!

473 Agora vamos analisar o gráfico.

a) Que animal foi o mais escolhido pelos meninos? ______________________

Quantos votos recebeu? ______________________

b) Que animal recebeu o menor número de votos das meninas? ______________________

Quantos votos recebeu? ______________________

c) Que animal recebeu mais votos no total? ______________________

Quantos votos recebeu? ______________________

474 Leia os dados numéricos aproximados sobre a Anta.

Anta

Tapirus terrestris

Fonte da imagem: https://www.infoescola.com/mamiferos/anta-brasileira/

Nome Científico: *Tapirus terrestris*

Alimentação: Ramos jovens, galhos, gramíneas, plantas aquáticas, cascas de árvores, folhas de palmeiras, de arbustos e de árvores, mas também consomem uma quantidade substancial de frutos (ex.: cajá, jamelão, açaí, dendê).

Reprodução: O período de gestação dura de 335 à 439 dias. Gera um filhote por gestação, que nasce listrado para se camuflar, acompanhando a mãe o tempo todo durante 18 meses a 2 anos.

Saiba mais: A anta é o maior mamífero herbívoro do Brasil. Durante o dia a anta permanece entre a vegetação da floresta. Ao anoitecer o animal emerge para ir em busca de alimento nas matas e pastos.

Ela mede até 2 metros de comprimento, o peso varia entre 150 a 250 kg, altura 77-108 cm, o comprimento da cauda é 8 cm, tem focinho alongado com uma pequena tromba.

Fonte: http://faunaeflora.terradagente.g1.globo.com/fauna/mamiferos/NOT,0,0,1223594,Anta.aspx

Anote no quadro abaixo as medidas de comprimento, de massa e de tempo que aparecem no texto.

Medida de comprimento	Medida de massa	Medida de tempo

475 Com base no texto do item anterior, responda e complete.

a) Qual o peso de duas Antas, se cada uma pesa, aproximadamente, 200 quilogramas?

Resposta: ______________________________

____

b) O comprimento do corpo de uma Anta pode chegar a 2 m ou ____________ cm.

476 Responda às questões:

a) Se o comprimento da cauda de uma anta é de 8 cm, o comprimento de 2 caudas é:

a) ☐ maior do que 1 metro.

b) ☐ maior do que 10 cm e menor do que 20 cm.

c) ☐ de aproximadamente 160 cm.

NÚMEROS ROMANOS

Costumamos escrever usando os algarismos indo-arábicos.

Eles são representados pelos algarismos 0, 1, 2, 3, 4, 5, 6, 7, 8 e 9.

Esses algarismos são utilizados no sistema de numeração decimal e com eles podemos escrever infinitos números.

De acordo com a posição que ocupa no número, cada algarismo fica com um valor diferente.

Mas o sistema de numeração decimal não é o único.

Existe o **sistema de numeração romano**, que utiliza letras para representar as quantidades.

Veja na tabela a seguir a correspondência entre a numeração decimal e a romana:

Numeração decimal	Numeração romana
1	I
5	V
10	X
50	L
100	C
500	D
1 000	M

Mas, se são apenas esses os algarismos do sistema de numeração romana, como podemos representar as demais quantidades utilizando esse sistema?

Veja as regras:

Os números romanos devem ser escritos de acordo com algumas regras:

As letras são escritas uma ao lado da outra. Quando temos uma letra maior seguida de uma menor, somamos os valores. Observe:

VI = 5 + 1 = 6

XII = 10 + 2 = 12

XVIII = 10 + 5 + 3 = 18

Quando temos uma letra menor seguida de uma maior, subtraímos do valor da maior o valor da menor. Veja:

IV = 5 – 1 = 4

IX = 10 – 1 = 9

XL = 10 – 50 = 40

As letras **I**, **X**, **C** e **M** só podem ser escritas seguidamente por três vezes.

III = 1 + 1 + 1 = 3

XXX = 10 + 10 + 10 = 30

CCC = 100 + 100 + 100 = 300

MMM = 1 000 + 1 000 + 1 000 = 3 000

A numeração romana aparece em alguns modelos de relógio ainda hoje.

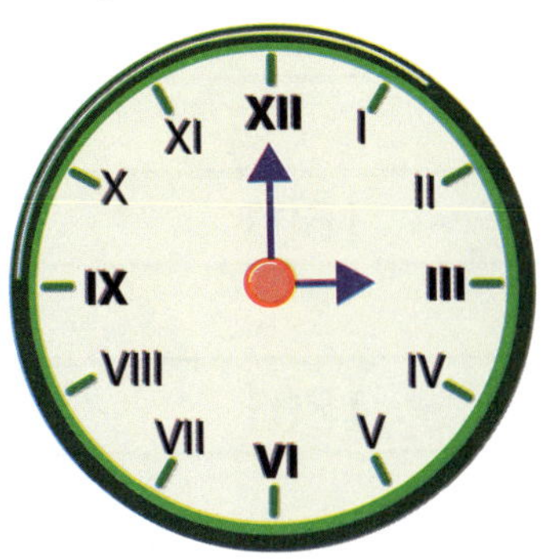

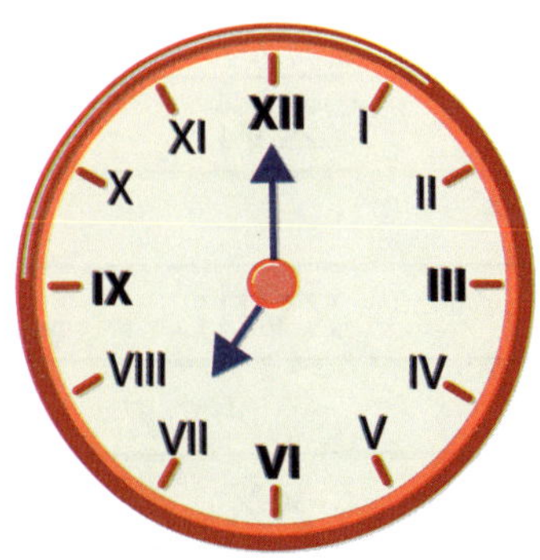

Também a encontramos na numeração de capítulos de alguns livros.

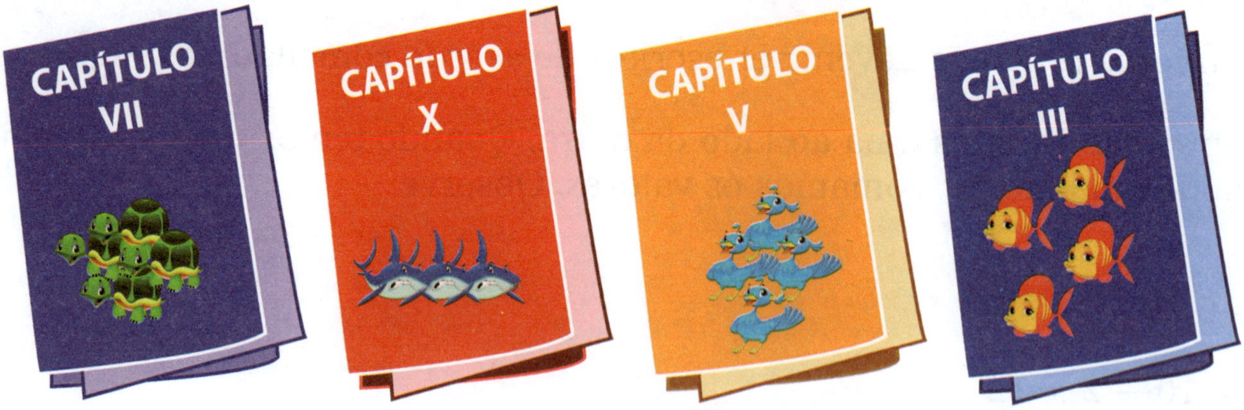

E a usamos principalmente para numerar os **séculos**.

477 Estamos no século XXI. Em que ano ele começou? Descubra completando o quadro a seguir:

Século	Início	Término
I	1	100
II	101	200
III	201	
IV		400
	401	500
VI		
VII		
	701	
		900
X	901	
		1100
XII	1101	1200
	1201	
XIV	1301	1400
		1500
XVI		
	1601	1700
XVIII		1800
	1801	1900
XX		2000
XXI		2100

478 Ligue os algarismos indo-arábicos aos algarismos romanos correspondentes:

14	**XXX**
9	**XXIX**
26	**IX**
8	**IV**
29	**VIII**
4	**XXVI**
30	**XIV**

479 Escreva os resultados em algarismos romanos:

a) 12 + 7 = ______________

b) 27 – 4 = ______________

c) 36 – 6 = ______________

d) 11 + 14 = ______________

e) 20 – 12 = ______________

f) 3 × 7 = ______________

480 Observe, nas ilustrações abaixo, algumas invenções. Depois, complete as frases utilizando algarismos romanos.

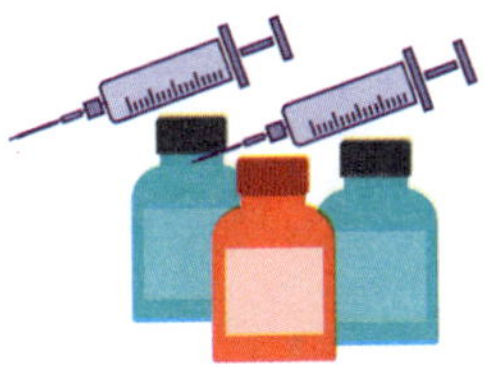

Penicilina (século 20)

Pilha (século 18)

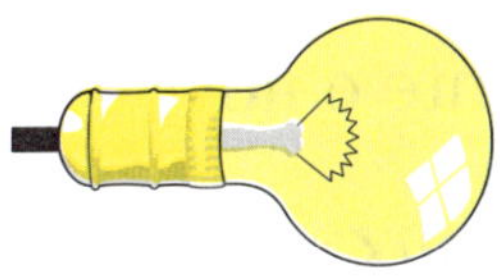

lâmpada (século 19)

a) Criada em 1779, a pilha voltaica apresentada pelo cientista italiano **Alessandro** Volta deu início ao que tempos depois iria se transformar nas baterias de íon-lítio que utilizamos em nossos aparelhos eletrônicos. A invenção da pilha voltaica ocorreu no **século** ______________.

b) Thomas Alva Edison foi o primeiro a construir a lâmpada incandescente comercializável, o que aconteceu no **século** ______________.

c) A descoberta da penicilina, substância capaz de eliminar diversas bactérias, foi feita de forma acidental pelo médico e bacteriologista escocês Alexander Fleming, em 1928, **século** ______________.

481 Descubra a regra de formação e continue cada sequência:

a)	I	III	V	VII					
b)	II	IV	VI	VIII					
c)	III	VI	IX	XII					

482 Escreva com algarismos arábicos as quantidades que estão representadas em algarismos romanos:

a) VII ______ b) XIV ______ c) IX ______

d) XIX ______ e) XIII ______ f) IV ______

g) III ______ h) XXVIII ______ i) XXIX ______

j) XXIV ______ k) XXI ______ l) XVI ______

483 Reescreva os textos dos itens abaixo usando algarismos romanos para substituir os números. Siga o exemplo:

Capítulo treze – Capítulo XIII

Século vinte e um – ______

Beato João vinte e três – ______

João Paulo segundo – ______

Capítulo vinte e nove – ______

Século quatorze – ______

484 Complete as lacunas da linha do tempo com os anos ou séculos correspondentes.

1400	XV	1500	XVI				

Ano	1400	1500				1900	2000	2100
Século	XV	XVI				XX		

485 Dois grandes astrônomos gregos, contribuíram para a divisão do dia em 24 horas aproveitando o trabalho dos babilônios:

Escreva em que século cada um desses astrônomos viveu.

a) Hiparco, que viveu no ano de 150 a.C. ______

b) Ptolomeu, que viveu no ano de 150 d.C. ______

RESPOSTAS

RESPOSTAS

1 a) 3; 3 b) 5; 5 c) 2; 2 d) 7; 8 ; 9; 10 e) 4; 6; 7; 8 f) 6; 7; 8; 9

2 a) 8; 9; 8 b) 7; 9; 7 c) 9; 11; 8 d) 6; 3; 3 e) 6; 8; 7 f) 4; 8; 4

3 7; 14; 21; 28; 35; 42; 49; 56; 63; 70

> **5** $\times$ **7** deve ser lido “cinco vezes sete”, e é a forma simplificada para escrever a adição **7 + 7 + 7 + 7 + 7**; o resultado dessa adição de cinco parcelas iguais a 7 é 35 .

4 a) Têm 21 dias.

b) Você é o 63. (7 × 9)

c) Ele percorrerá 420 metros; 7 × 60 = 420; 1 minuto = 60 segundos

5 a) 408; 410 b) 398; 400 c) 878; 880 d) 998; 1 000 e) 703; 705

f) 496; 498 g) 696; 698 h) 539; 541 i) 745; 747

6 a) 480; 482; 484; 486; 488; 490; 492

b) 601; 600; 599; 598; 597; 596; 595

c) 730; 740; 750; 760; 800; 810; 820

d) 650; 700; 750; 800; 1 000; 1 050; 1 100

7 a) 995 b) 105 c) 990 d) 900 e) 100

8 d) 750

9 a) 8; 16; 24; 32; 40; 48; 56; 64; 72; 80

b) 9; 18; 27; 36; 45; 54; 63; 72; 81; 90

10 a) Você é o número 72.

b) Você tem 81 bolinhas de gude.

c) Você é o número 64.

d) Você correrá 72 quilômetros.

---

11 a) 270 b) 730 c) 710 d) 430 e) 610 f) 650 g) 670 h) 880 i) 390

---

12 a) 3 600 b) 25 300 c) 354 300 d) 4 800 e) 48 200 f) 166 100 g) 9 800
h) 147 300 i) 245 200

---

13 a) 800 b) 1 600 c) 600 d) 3 500 e) 800 f) 4 900 g) 700
h) 2 600 i) 900 j) 6 800

---

14 a) 3 000 b) 11 000 c) 2 000 d) 15 000 e) 3 000 f) 14 000 g) 6 000
h) 6 000 i) 1 000 j) 7 000

---

15 a) 800 e 900 b) 400 e 500 c) 600 e 700 d) 800 e 900 e) 100 e 200 f) 700 e 800

---

16 a) 8 000 e 9 000 b) 64 000 e 65 000 c) 48 000 e 49 000 d) 11 000 e 12 000 e) 47 000 e 48 000

---

17 a) Assistiram ao jogo, aproximadamente 16 000 espectadores.

b) A escola arrecadou 22 000 peças de roupas.

c) A fábrica produz 76 000 canetas.

d) A empresa plantou 41 000 mudas.

18

Número	Milhar mais próximo	Centena mais próxima	Dezena mais próxima
6 571	7 000	6 600	6 570
9 913	10 000	9 900	9 910
17 892	18 000	17 900	17 890
41 742	42 000	41 700	41 740
88 763	89 000	88 800	88 760

---

19 a) 372 b) 546 c) 619 d) 715 e) 417 f) 83 g) 640 h) 738 i) 287

---

20 a) 4 401 b) 6 104 c) 7 103 d) 2 982 e) 4 504 f) 21 401 g) 8 529 h) 11 501 i) 35 501

21 a) 714 b) 75 c) 327 d) 251 e) 590 f) 422 g) 156 h) 645 i) 880

22 a) R$ 350,00 b) 1 200 c) 4 000 peças.

23 a) 800 b) 80 c) 610 + 396 / 600 + 805 / 652 + 401 / 174 + 952

24 a) 22 b) 27 c) 29 d) 26 e) 39 f) 38 g) 24 h) 64

25 a) 109 b) 163 c) 118 d) 124 e) 142 f) 117

26 a) 10 b) 20 c) 5 d) 6 e) 8 f) 2 g) 4 h) 7 i) 3 j) 1

27 a) 1 b) 3 c) 9 d) 6 e) 2 f) 4 g) 8 h) 10 i) 7 j) 5

28 a) 200; 202 b) 459; 461 c) 708; 710 d) 477; 479 e) 299; 301 f) 899; 901

29 a) 600 b) 700 c) 1 000 d) 600 e) 600 f) 1 000 g) 900 h) 700
i) 800 j) 700 k) 500 l) 800

30 a) 400 b) 500 c) 600 d) 300 e) 700 f) 800 g) 500 h) 750
i) 500 j) 200 k) 0 l) 300

31 a) 50 b) 50 c) 40 d) 50 e) 5 f) 100

32 a) 15; quinze b) 18; dezoito c) 45; quarenta e cinco
d) 12; doze e) 16; dezesseis f) 48; quarenta e oito
g) 100; cem h) 36; trinta e seis i) 40; quarenta
j) 54; cinquenta e quatro k) 10; dez l) 14; quatorze
m) 27; vinte e sete n) 0; zero

33 a) 4 b) 5 c) 1 d) 3 e) 10 f) 6 g) 7 h) 9 i) 2 j) 8

34 a) 1 b) 5 c) 10 d) 7 e) 6 f) 2 g) 9 h) 4 i) 3 j) 8

35 a) 6 b) 10 c) 18 d) 32 e) 0 f) 42 g) 14 h) 48 i) 18 j) 9
k) 25 l) 24 m) 27 n) 16 o) 21 p) 32 q) 90 r) 35 s) 36 t) 16
u) 54 v) 1 w) 15 x) 48 y) 18 z) 45

---

36 a) 3; 1 b) 9; 1 c) 5; 1 d) 2; 0 e) 4; 3 f) 8; 2 g) 7; 1 h)9; 3 i) 7; 1 j) 8; 2
k) 6; 1 l) 2; 1 m) 2; 1 n) 1; 1 o) 8; 1 p) 7; 1 q) 2; 3 r) 1; 3 s) 2; 2 t) 3; 2
u) 9; 1 v) 1; 1 w) 9;2 x) 5; 2 y) 1; 2 z) 3;1

---

37 a) 9 b) 7 c) 2 d) 3 e) 4 f) 6 g) 1 h) 8 i) 5 j) 10

---

38 a) 1 b) 7 c) 3 d) 10 e) 9 f) 2 g) 5 h) 8 i) 6 j)4

---

39 a) 6 b) 5 c) 3 d) 3 e) 4 f) 4 g) 2 h) 9 i) 8

---

40 a) 2; 20; 200 b) 1; 10; 100 c) 1; 10; 100 d) 1; 10; 100 e) 1; 10; 100
f) 5; 50; 500 g) 1 000 h) 1 000 i) 1 000 j) 10 000
k) 1 000 l) 100 m) 1 000 n) 10

---

41 a) 5; 5 b) 4; 4 c) 6; 6 d) 7; 7 e) 8; 8 f) 3; 3 g) 8; 8 h) 7; 7

---

42 a) 12 b) 9 c) 16 d) 9 e) 20 f) 9 g) 42 h) 3 i) 21 j) 5
k) 40 l) 9

43

21 → 20 22 → 20 123 → 120 138 → 140
32 → 30 38 → 40 253 → 250 278 → 280
67 → 70 58 → 60 359 → 360 469 → 470

44

127 → 100 199 → 200 309 → 300 456 → 500
244 → 200 539 → 500 713 → 700 817 → 800
436 → 400 752 → 800 598 → 600 989 → 1000

45 900
750
500
970
1 000

---

46 a) 48 b) 212 c) 142 d) 388

---

47 a) 400 + 110 b) 400 ÷ 2 c) 400 + 130 d) 62 × 4 e) 600 – 80

f) 85 × 5 g) 200 + 320 h) 95 + 300

---

48 a) 10; 100; 1 000 b) 15; 150; 1 500 c) 20; 200; 2 000 d) 25; 250; 2 500 e) 30; 300; 3 000

f) 35; 350; 3 500

---

49 a) 2 b) 4 c) 6 d) 7 e) 8 f) 1 g) 3 h) 10 i) 9 j) 5

---

50 a) 3 b) 9 c) 7 d) 2 e) 5 f) 8 g) 10 h) 4 i) 1 j) 6

---

51 a) 5; 50; 500; 5 000 b) 9; 90; 900; 9 000 c) 21; 210; 2 100; 21 000
d) 42; 420; 4 200; 42 000 e) 16; 160; 1 600; 16 000 f) 15; 150; 1 500; 15 000

---

52 a) 10; 100 b) 7; 70 c) 5; 50 d) 3; 30 e) 8; 80 f) 6; 60 g) 4; 40 h) 9; 90

---

53 a) 8 b) 8 c) 9 d) 7

---

54 a) 200 b) 300 c) 30 d) 300 e) 100 f) 100

---

55 a) 34 b) 13 c) 36 d) 42 e) 26 f) 38 g) 31 h) 32 i) 24

---

56 a) Ela já fez 12 exercícios. b) Ele tem 195 reais. c) Sobraram 14 laranjas.
d) O valor do livro foi de 27 reais.

---

57 a) 10; 100 b) 7; 70 c) 5; 50 d) 4; 40 e) 8; 80 f) 6; 60 g) 2; 20 h) 3; 30

---

58 a) 40 b) 70 c) 60 d) 100 e) 20 f) 30 g) 60 h) 40 i) 40 j) 30

59 a) 6 b) 8 c) 9 d) 7 e) 1 f) 4 g) 5 h) 3 i) 2 j) 10

60 a) 3 b) 10 c) 8 d) 9 e) 1 f) 5 g) 7 h) 6 i) 2 j) 4

61 a) 24; 240; 2 400; 24 000 b) 63; 630; 6 300; 63 000 c) 48; 480; 4 800; 48 000
d) 32; 320; 3 200; 32 000 e) 36; 360; 3 600; 36 000 f) 35; 350; 3 500; 35 000
g) 24; 240; 2 400; 24 000 h) 12; 120; 1 200; 12 000 i) 42; 420; 4 200; 42 000
j) 81; 810; 8 100; 81 000

62 a) 10; 100 b) 6; 60 c) 5; 50 d) 4; 40 e) 7; 70 f) 9; 90 g) 2; 20 h) 3; 30

63 a) 4 b) 8 c) 8 d) 7

64 a) 100; 200; 400 b) 300; 600; 900 c) 2; 270; 195 d) 500; 991; 920 e) 320; 996; 940

65 a) Ninguém, pois os dois têm a mesma quantidade.

b) A escola comprou 4 000 canetas.

c) Estão na pista do aeroporto agora 43 aviões.

d) Ela ficou com 33 reais.

66 a) 48 b) 20 c) 56 d) 54 e) 40 f) 49 g) 45 h) 60 i) 72
j) 28 k) 55 l) 88 m) 81 n) 24 o) 42

67 a) 14; 2; 10; 6 b) 27; 20; 80; 74 c) 40; 5; 25; 32 d) 6; 54; 49; 7
e) 60; 63; 7; 11 f) 100; 40; 80; 400

68 a) 128 – 15 b) 460 – 220 c) 88 – 21 d) 54 – 6 e) 88 – 18 f) 450 – 150

69 a) 4; 6 b) 6; 9 c) 8; 12 d) 10; 15 e) 12; 18 f) 14; 21 g) 16; 24 h) 18; 27 i) 20; 30

70 a) 30 b) 70 c) 90

71 5; 6

72 a) 10; 20; 2; 8 b) 100; 70; 7; 10 c) 10; 100; 9; 3 d) 4; 20; 10; 5
e) 100; 10; 3; 5 f) 50; 10; 20; 1

73 a) 400; 70; 8 b) 500; 50; 5 c) 1 000; 400; 20; 7 d) 3 000; 300; 30; 3
e) 20 000; 3 000; 600; 0; 7 f) 40 000; 4 000; 400; 40; 4

74 Ele terá 3 classes

75 a) Vale 3. b) Vale 20. c) Vale 200. d) Vale 0. e) Vale 50 000. f) Vale 300 000. g) Vale 6 000 000

76

3ª Classe Milhões			2ª Classe Milhares			1ª Classe Unidades Simples		
9ª ordem	8ª ordem	7ª ordem	6ª ordem	5ª ordem	4ª ordem	3ª ordem	2ª ordem	1ª ordem
CM	DM	UM	Cm	Dm	Um	C	D	U
						3	**5**	**6**
					6	**0**	**5**	**5**
						9	**0**	**7**
				1	**5**	**6**	**7**	**8**
			4	**0**	**3**	**5**	**6**	**0**
		2	**9**	**9**	**9**	**3**	**0**	**4**

77 a) Vale 3 000 b) É a classe dos milhares c) Há 500 unidades d) O algarismo 0
e) Quatrocentos e três mil, quinhentos e sessenta.

78 a) Há 3 classes e 9 ordens. b) Vale 3 000 000 c) Vale 800 d) Há 70 000 unidades
e) O algarismo 2. f) Duzentos e treze milhões, duzentos e setenta e dois mil, oitocentos e cinquenta.

79 Resposta pessoal.

80 Você é o número 2 033 530

81 a) 1 037 b) 2 417 c) Um mil e vinte e oito d) Cinco mil e dezesseis
e) 4 309 f) Vinte mil, seiscentos e setenta e seis

82 a) 4; 6; 8; 12; 16; 18; 20
b) 9; 12; 15; 18; 21; 24; 27; 30
c) 8; 12; 16; 20; 24; 28; 32; 36; 40
d) 10; 15; 20; 30; 35; 40; 45; 50
e) 12; 24; 30; 36; 42; 48; 54; 60
f) 14; 21; 28; 35; 42; 49; 56; 63; 70
g) 16; 24; 32; 40; 48; 56; 64; 72
h) 18; 27; 45; 54; 63; 72; 81; 90
i) 20; 30; 40; 50; 60; 70; 80; 90; 100

---

83 a) 3 b) 7 c) 8 d) 8 e) 7 f) 2 g) 6 h) 7 i) 4 j) 6 k) 4 l) 7

---

84 a) 16 b) 32 c) 64 d) 24 e) 72 f) 8 g) 40 h) 56 i) 48 j) 80

---

85 a) 1 000 + 50; Um mil e cinquenta
b) 1 000 + 500; Um mil e quinhentos
c) Um mil e cinquenta e cinco
d) 1 000 + 500 + 50 + 5; Um mil, quinhentos e cinquenta e cinco
e) 2 000 + 9; Dois mil e nove
f) 2 000 + 90; Dois mil e noventa
g) 2 000 + 90 + 9; Dois mil e noventa e nove
h) 2 000 + 900; Dois mil e novecentos
i) 2 000 + 900 + 9; Dois mil e novecentos e nove
Existem outras possibilidade de decomposição.

---

86 a) 600L b) 800L

---

87 a) 24 b) 72 c) 60 d) 100 e) 90 f) 150

---

88 a) São 600 homens. b) São 900 funcionários.

---

89 a) 5; 50; 500 b) 10; 100; 1 000 c) 15; 150; 1 500 d) 20; 200; 2 000
e) 25; 250; 2 500 f) 30; 300; 3 000 g) 35; 350; 3 500 h) 40; 400; 4 000
i) 45; 450; 4 500

---

90 a) 20; 20; 20; 20 b) 200; 200; 200; 200 c) 2 000; 2 000; 2 000; 2 000
d) 150; 190; 180; 160 e) 100; 600; 200; 400 f) 80; 90; 40; 30

---

91 a) 70 b) 60 c) 40 d) 40 e) 49 f) 39 g) 10 h) 30 i) 40 j) 5

---

92 a) 170 b) 240 c) 290 d) 370 e) 478 f) 249

93 a) 8; 10; 12; 14; 16; 18 b) 12; 15; 18; 21; 24; 27 c) 16; 20; 24; 28; 32; 36
d) 20; 25; 30; 35; 40; 45 e) 24; 30; 36; 42; 48; 54 f) 28; 35; 42; 49; 56; 63
g) 32; 40; 48; 56; 64; 72 h) 36; 45; 54; 63; 72; 81

94 a) 68 b) 12 c) 9 d) 164 e) 45 f) 3 g) 186 h) 28 i) 2 j) 173
k) 16 l) 7 m) 323 n) 21 o) 6 p) 498 q) 33 r) 9 s) 820 t) 160
u) 485 v) 0 w) 393 x) 4 y) 45 z) 9

95 Cássia fez 63 pontos.

96 O total de esfoladas que ele deu foi de 26.

97 Os dois possuem juntos 399 adesivos.

98 Cada criança receberá 3 balas.

99 Ela terá gastado R$ 120,00 reais.

100 Resposta pessoal.

101 Resposta pessoal.

102 a) Serão necessários 135 cartões.
b) Foram encomendados 339 salgadinhos.
c) Cada uma gastou 32 reais nessa compra.
d) Ainda restam 84 páginas para ele terminar a leitura.
e) Ele comprou ao todo 1 146 cadernos.
Restaram 313 cadernos.
f) Fabio ganhou 253 reais.
g) O valor de cada parcela foi de 93 reais.

103 a) 15; 30; 35; 5 b) 100; 50; 150; 175 c) 400; 200; 800; 100
d) 250; 25; 5; 40 e) 360; 240; 24; 4 f) 40; 60; 30; 90
g) 230; 300; 220; 260 h) 70; 40; 20; 160

104 a) 81 b) 40 c) 30 d) 28 e) 56 f) 42 g) 49
h) 63 i) 72 j) 36 k) 25 l) 40 m) 72

105 a) 4 b) 40 c) 2 d) 20 e) 8 f) 80 g) 9 h) 90
i) 8 j) 80 k) 4 l) 40 m) 3
n) 30 o) 6 p) 60

106 a) 4 × 8 b) 9 × 5 c) 8 × 8 d) 7 × 7 e) 9 × 8 f) 8 × 2 g) 9 × 6
h) 6 × 6 i) 8 × 5 j) 9 × 9 k) 7 × 4 l) 3 × 7 m) 6 × 4 n) 2 × 7
o) 7 × 9

---

107 a) 17 b) 6 c) 15 d) 4 e) 19 f) 1 g) 12 h) 5 i) 13 j) 8

---

108 a) 24 b) 14 c) 28 d) 11 e) 21 f) 17 g) 29 h) 13 i) 25 j) 19

---

109 a) 24 b) 14 c) 28 d) 11 e) 21 f) 7 g) 29 h) 13 i) 25 j) 19

---

110 a) 37 b) 26 c) 45 d) 14 e) 39 f) 31 g) 42 h) 15 i) 43 j) 8

---

111 a) 80 b) 70 c) 75 d) 20 e) 5 f) 55 g) 0 h) 45
i) 34 j) 50 k) 3 l) 22 m) 49 n) 23 o) 12

---

112 a) 700 b) 780 c) 750 d) 50 e) 920 f) 550 g) 450 h) 900
i) 340 j) 30 k) 950 l) 220 m) 230 n) 490 o) 200

---

113 a) 250 b) 200 c) 170 d) 400 e) 345 f) 90 g) 350 h) 45
i) 340 j) 450 k) 110 l) 270 m) 70 n) 220 o) 440

---

114 a) 7; 70; 700; 7 000 b) 8; 80; 800; 8 000 c) 6; 60; 600; 6 000
d) 7; 70; 700; 7 000 e) 8; 80; 800; 8 000 f) 8; 80; 800; 8 000
g) 8; 80; 800; 8 000 h) 8; 80; 800; 8 000

---

115 a) 14 b) 28 c) 56 d) 36 e) 54 f) 45 g) 40 h) 32
i) 24 j) 49 k) 21 l) 42 m) 81 n) 72 o) 63 p) 64
q) 72 r) 56 s) 30 t) 48 u) 50

---

116 a) 5 b) 8 c) 4 d) 7 e) 5 f) 3 g) 7 h) 2 i) 4
j) 6 k) 9 l) 8 m) 5 n) 9 o) 8 p) 7 q) 9 r) 6

---

117 a) 98 b) 28 c) 6 d) 74 e) 54 f) 8 g) 207 h) 56 i) 6
j) 186 k) 12 l) 8 m) 475 n) 24 o) 9 p) 399 q) 66 r) 9
s) 966 t) 210 u) 852 v) 100 w) 595 x) 6 y) 40 z) 7

118 Ela juntará R$ 480,00.

119 João tem 18 anos e Joaquim tem 9 anos.

120 Ela terá usado 84 miçangas.

121 Ele completará, em 2 024, 23 anos.

122 Ele precisa perder, por mês, 3 quilogramas.

123 Ele ficou com 65 figurinhas.

124 Foram 36 biscoitos para a loja.

125 Ela completará 11 anos de idade em 2027.

126 Ela precisará fazer 675 cupcakes.

127 Cada instituição receberá 218 cestas básicas.

128 Vovô Pedro pagou 138 reais em cada mochila.

129 Para finalizar o jogo João precisa marcar mais 2 113 pontos.

130 Cada livro custou 87 reais.

131 Em cada página foram colocados 22 adesivos.

132 a) 2679 b) 2 unidades de milhar, 6 centenas, 7 dezenas e 9 unidades. c) 9762
d) 9 unidades de milhar, 7 centenas, 6 dezenas e 2 unidades. e) 2680

133 a) 2 431 b) 1 c) 243 d) 3 e) 24 f) 4 g) 2 h) 2

134 a) São 3 algarismos que foram a esse número. São eles 0, 1 e 3. b) 331dezenas
c) 1 d) 33 centenas e) 3

135 a) São 4 algarismos que foram a esse número. São eles 4, 6, 7 e 8. b) 6 47 dezenas
c) 7 d) 64 centenas e) 4

136 4310

137 2036

138 a) C b) D c) E d) A e) B

139 a) 3 000 + 100 + 6 3 000 + 106 b) 2 000 + 30 + 3 2 000 + 33
c) 6 000 + 100 + 20 + 4 6 100 + 24 d) 500 + 50 + 1 550 + 1
e) 1 000 + 300 + 60 + 7 1 300 + 60 + 7

140 a) 2 704 b) 5 005 c) 3 021 d) 1 413 e) 3064 f) 5 790 g) 4 379 h) 7 265

141 a) 1 854; 185; 18; 1 b) 2 340; 234; 23;2 c) 3 055; 305; 30; 3
d) 4 300; 430; 43; 4 e) 5 555; 555; 55; 5

142 a) 9 456; Nove mil, quatrocentos e cinquenta e seis
b) 6 035; Seis mil e trinta e cinco
c) 8 000 + 354; Há outras possibilidades 8 354
d) 1 200 + 6; Mil, duzentos e seis
e) 7 000 + 690; 7 690
f) 8 845; Oito mil, oitocentos e quarenta e cinco
g) 9 000 + 1; Nove mil e um

143 5 310 e 1 035

144 3 452 – 3 454 – 3 456 – 3 458

145 a) 20 reais b) 50 c) 17 d) 46

146 a) Faltam 12 exercícios. b) Ela acertou 24 questões.
c) Eu tenho 70 adesivos. Ela tem 50 adesivos. Temos juntas 120 adesivos

147 a) 69 b) 45 c) 85 d) 10 e) 51 l) 67 g) 12
h) 80 i) 95 j) 25 k) 99 l) 1 m) 88 n) 55
o) 40

---

148 a) 690 b) 450 c) 850 d) 910 e) 60 f) 670 g) 200
h) 980 i) 995 j) 250 k) 400 l) 10 m) 988 n) 550
o) 999

---

149 a) 190 b) 445 c) 350 d) 410 e) 10 f) 467 g) 412
h) 480 i) 450 j) 425 k) 499 l) 401 m) 380 n) 455
o) 440

---

150 a) 45 moedas. 18 moedas. 90 moedas.

---

151 a) 1. b) R$ 2,50. c) R$ 5,01; R$ 6,25.

---

152 a) 20; 120; 150 b) 3; 9

---

153 2; 5; 10; 15

---

154 1 000; 2 500; 5 000; 10 000

---

155 a) Custaria R$ 5,00. b) 2h; 1h30min; 4h c) 1 500mL
d) 2 500 mL e) 630 cm

---

156 a) 15 b) 25 c) 5 d) 125

---

157 a) 5 b) 30 c) 5 d) 150

---

158 a) 360; 36 b) 24; 240 c) 18; 180 d) 12; 1 200

---

159 2 100; 210; 21 3 600; 360; 36 5 500; 550; 55 8 800; 880; 88

---

160 a) 12 b) 400 c) 80 d) 830 e) 376 f) 630 g) 400
h) 800 i) 9 j) 9 k) 24 l) 9 m) 8 n) 10
o) 45 p) 9

161 a) 7; 70; 700; 56; 8; 80; 800 b) 9; 90; 900; 54; 6; 60; 600

c) 8; 80; 800; 48; 6; 60; 600

162 a) $3 \times 3 = 9$ b) $24 \div 2 = 12$ c) $2 \times 125 = 250$ d) $96 \div 2 = 48$ e) $12 \div 4 = 3$ f) $27 \div 3 = 9$

163

8h05 min. | 1h55 min. | 10h30 min. | 12h | 9h15 min. | 3h40 min.

164 Resposta pessoal.

165 Resposta pessoal.

166 a) Ele fica no colégio 300 minutos. b) Terminará às 11h15min.
c) A videoconferência durou 1h25min. d) Representa 3 dias.

167 a) 2:30/ 14:30 b) 8:25/ 20:25 c) 7:45/ 19:45
d) 4:10/ 16:10 e) 1:20/ 13:20 f) 5:15/ 17:15

168 18h; 15h; 0h/ 24h; 12h35 min; 14h05 min

169 a) 150; 1 500; 15 000 b) 50; 500; 5 000 c) 80; 800; 8 000
d) 90; 900; 9 000 e) 230; 2 300; 23 000 f) 760; 7 600; 76 000
g) 110; 1 100; 11 000 h) 420; 4 200; 42 000 i) 340; 3 400; 34 000
j) 990; 9 900; 99 000

170 a) 2; 3 b) 2; 6; 8 c) 20; 80 d) 5; 7 e) 3; 18; f) 150; 180; 210
g) 4; 8 h) 12; 20 i) 120; 160; 200; 320 j) Sim. l) Por 4.

171 Respostas de acordo com o número ditado pelo professor.
Possibilidades de resposta na tabela a seguir:

x	9	0	8	10	1	3	4	6	5	7	2
2	18	0	16	20	2	6	8	12	10	14	4
3	27	0	24	30	3	9	12	18	15	21	6
4	36	0	32	40	4	12	16	24	20	28	8
5	45	0	40	50	5	15	20	30	25	35	10
6	54	0	48	60	6	18	24	36	30	42	12
7	63	0	56	70	7	21	28	42	35	49	14
8	72	0	64	80	8	24	32	48	40	56	16
9	81	0	72	90	9	27	36	54	45	63	18
10	90	0	80	100	10	30	40	60	50	70	20

172 a) 320 b) 450 c) 540 d) 320 e) 350 f) 420 g) 720 h) 540
i) 900 j) 180 k) 2 400 l) 2 800 m) 8 100 n) 6 300 o) 5 600 p) 2 700
q) 1 000 r) 3 200

---

173 a) 10 b) 7 c) 9 d) 2 e) 1 f) 9 g) 7 h) 2 i) 9
j) 4 k) 5 l) 8 m) 5 n) 9 o) 6 p) 4 q) 5 r) 6

---

174 a) 81 b) 720 c) 6 300 d) 54 e) 450 f) 7 200 g) 64 h) 560
i) 4 800 j) 40 k) 630 l) 5 600 m) 42 n) 350 o) 5 400 p) 48
q) 300 r) 4 500

---

175 a) 10 b) 7 c) 9 d) 4 e) 6 f) 8 g) 7 h) 6 i) 8
j) 3 k) 7 l) 4 m) 6 n) 5 o) 9 p) 8 q) 7 r) 9

---

176 a) O total gasto com a festa foi de R$ 1 071,00.

b) Foram compradas 36 unidades de bebidas.

c) Não. Pois o problema não traz esse dado.

---

177 a) O mês com maior número de aniversariantes é setembro.

b) A diferença entre o número de aniversariantes dos meses de setembro e janeiro é de 4 aniversariantes.

c) Não há nenhum aniversariante no mês de abril.

d) Estudam na classe de Laura 31 alunos.

---

178 (×) O videocassete e o videogame levaram o mesmo tempo para chegar ao Brasil, depois de seu lançamento mundial.

(×) O CD-player foi o produto que chegou mais rápido ao Brasil.

---

179 a) O lanche que os meninos menos gostam é o iogurte.

b) O lanche que as meninas menos gostam é o biscoito.

c) O lanche mais preferido por meninos e meninas é o chocolate.

d) O lanche que teve a mesma quantidade de preferência entre meninos e meninas foi a barra de cereal.

e) Foram entrevistados 341 alunos.

---

180 (C) No mês de março, houve 100 locações do filme.

(I) O mês de janeiro é o que teve menor número de locações.

(I) No mês de maio, houve mais locações que no mês de janeiro.

(C) Em maio, houve cem locações a mais que no mês de abril.

(C) O número de locações no mês de abril é a metade do número de locações no mês de janeiro.

181 Paula gastará ao todo R$ 224,00 na compra dos ingressos.

182 a) O total da venda da loja nesses três dias é de R$ 1 840,00.

b) O total das despesas da loja nesses três dias é de R$ 940,00.

c) A diferença entre as vendas e as despesas da loja é de R$ 900,00.

183 a) O gênero de livro mais emprestado para as crianças foi o de aventura.

b) O gênero de livro menos emprestado para as crianças foi o de lendas.

c) Foram emprestados 292 livros de fábulas.

d) Foram emprestados, ao todo, entre livros de contos de fada e lendas 405 livros.

e) Foram emprestados 105 livros de fábulas a mais que livros de poesia.

184 a) Foram vendidos 657 sucos no supermercado.

b) A diferença entre a venda do suco de graviola e a do suco de maracujá é de 69 unidades.

185 a) Fernando vendeu 17 sacos de ração.

b)

Valor recebido pela venda (em reais)
240
450
900
2 400

c) Fernando recebeu no total R$ 3 990,00 pela venda de ração.

186 a) A espécie mais plantada no parque é a Palmeira-juçara.

b) A quantidade total é de 209 Palmeiras jerivá.

c) A espécie menos plantada foi a paineira.

d) A diferença é de 23 Palmeiras-juçara.

e) No Horto Florestal foram plantadas 452 árvores.

f) Foram plantadas mais árvores no Horto Florestal.

g) Resposta à partir dos dados coletados.

h) Resposta à partir dos dados coletados.

187 Existem 645 cartolinas.

188 No final de semana havia 411 galões na distribuidora.

189 Carmelia ficou com 185 bombons.

190 Em cada prateleira serão colocadas 191 latas de tinta

191 Cada jogos custou 118 reais.

192 Ao todo ele comprou 2 380 pirulitos para a festa.

193 Ficaram 604 cadernos no estoque da papelaria.

194 Na área VIP estavam 43 pessoas durante a apresentação.

195 Cada um gastou na lanchonete 50 reais.

196 Em cada pote foram guardados 343 salgadinhos.

197 André usou 3 751 flores para decorar a festa.

198 a) Foram formados 19 grupos de alunos. b) Ele acrescentou em um dos grupos.

199 Cada quitanda recebeu 347 espigas de milho.

200 a) O valor total pagou pelos livros foi de 574 reais. b) Sobraram 26 reais de troco.

c) A mãe de Joana gastaria 848 reais.

201 As duas colheram juntas 3 747 mexericas.

202 Ela ainda deve receber 1 328 canecas.

203 Paola precisará colocar em cada envelope 91 cartões.

204 O supermercado possui 2 554 caixas de leite.

205 Dona Júlia precisará fazer 756 cupcakes.

206 Havia 479 galões no depósito da distribuidora ao fim da semana.

207 Colocará em cada prateleira 64 livros.

208 a) Foram vendidos 2 337 cocos nas barracas de Gabriel nesse sábado.

b) Foram vendidos 2 229 cocos no domingo.

209 A vaca Malhada terá produzido 486 litros de leite.

Serão fabricados nesse período 54 queijos.

210 Felipe vai pagar pelo carro R$ 14 800,00.

211 a) A diferença entre o preço à vista e o a prazo é de R$ 1 101,00.

b) O valor de cada prestação é de R$ 675,00.

212 O resultado da divisão é 608.

213 Estavam no início da partida 10 927 torcedores.

214 Seu Arthur arrecada R$ 4 095,00 com o transporte desses alunos.

215 a) Sobraram 1 804 pisos depois de Fernando cobrir o chão da churrasqueira.

b) Ele usou 1 717 pisos na piscina de sua chácara.

216 Existem na fazenda de Teco 13 660 patas.

217 Não torciam pelo Palmira 4 305 pessoas.

218 Ficaram em cada caixa 583 tesouras.

219 O valor de cada prestação é de R$ 915,00.

220 Cada barraca recebeu 52 garrafas.

221 a) Eles gastariam R$ 480,00 a compra dos ingressos.

b) Eles gastariam R$ 432,00 utilizando essa promoção.

c) O valor de cada prestação será de R$ 104,00.

222 O valor de cada prestação é de R$ 681,00.

223 O valor gasto por pessoa nessa viagem foi de R$ 1 305,00.

224 O valor total pago foi de R$ 3 846,00.

225 Estavam na área VIP do teatro, nessa apresentação, 77 pessoas.

226 Cada jogo custou R$ 167,00.

227 Hilário usou 1 163 flores para decorar a igreja.

228 As duas colheram ao todo 3 747 morangos.

229 O skate custou R$ 345,00.

230 Amanda demorará 4 anos para terminar o curso.

231 A dieta durou 36 semanas.

232 D. Pedro II nasceu no ano de 1825. Sua mãe nasceu em 1802.

233 a) Fernando vendeu mais churros de doce de leite no sábado.

b) Ele vendeu no domingo, ao todo, 350 churros.

c) Ele vendeu na quinta-feira, 55 churros de nutella a mais do que doce de leite.

234 O valor de cada parcela foi de R$ 1 152,00.

235 Deveriam ainda ser entregues no período da tarde 1 432 correspondências.

236 Foram usados 290 tijolos para construir cada quarto.

237 O número total de poemas de Felpo é de 710 poemas.

238 Cada estante custou R$ 132,00.

239 a) Júlia levou 25 minutos a mais para chegar à sede do WWF.

b) Júlia ainda tem em dinheiro R$ 38,00.

240 a) Aqueles que terminaram a prova percorreram7 650 metros.

b) Rodrigo deixou de percorrer 5 100 metros.

241 a) O atleta correu no domingo 7 920 metros.

b) Ele correu ao todo 23 885 metros nos 3 dias.

242 O asilo recebeu R$ 7453,00.

243 A diferença entre o pagamento à vista e o pagamento a prazo é de R$ 96,00.

244 (X) 5 caixas com 800 brigadeiros em cada uma.

(X) 20 caixas com 200 brigadeiros em cada uma.

(X) 4 caixas com 1 000 brigadeiros em cada uma.

245 Pietro tem 11 anos de idade.

246 a) Sobraram na editora 676 caixas de livros.

b) Há no total 9 012 livros de Ciências.

247 (×) 2h05min

248 a) O colecionador gastará R$ 1 053,00 se comprar 2 unidades do Pokémon How to Draw, 3 unidades do Pokémon Black and White e uma unidade da Arena de Batalha Eletrônica.

b) O valor de cada parcela será de R$ 307,00.

249 Cada instituição receberá 391 peças de roupas.

250 (X) 9 envelopes.

251 Ficaram em cada pasta 661 selos. Sim, sobraram 2 selos.

252 Ficaram em cada caixa 561 lacres.

253 Bruno levou 45 min para chegar ao médico. Chegou 15 min atrasado.

254 O valor total da máquina fotográfica foi de R$ 1 126,00.

255 Serão usados 8 405 tijolos para construir o muro.

256 O cinema arrecadou neste dia R$ 13 734,00.

257 a) Cada creche recebeu 78 gibis.

b) Ficaram na gibiteca 1 824 gibis.

258 Não, as folhas não serão suficientes, pois faltarão 96 folhas.

259 A pessoa nasceu em 2 008. Hoje ela tem 14 anos. Para 2022.

260 O valor de cada prestação é de R$ 775,00.

261 O valor total pago foi de R$ 2 445,00.

262 Ela recebeu de troco R$ 8,00.

263 Carlos colocará em cada caixote 85 tomates.

264 (X) 79 pessoas.

265 a) Janaina arrecadou R$ 4 807,00.

b) Janaina arrecadou R$ 4 788,00.

c) Ela arrecadou ao todo, no mês de julho R$ 9 595,00.

266 (I) Todos podem comprar outra bola.
(I) Apenas João pode comprar outra bola.
(C) João e Joaquim podem comprar outra bola.
(C) Joaquim poderá comprar outra bola e receberá R$ 24,00 de troco.
(C) O troco de Joaquim é maior do que o dos outros meninos.
(C) Se os três meninos juntarem o dinheiro que possuem, os três poderão comprar outra bola e não sobrará troco.

---

267 (1) Um condomínio tem 14 torres de apartamentos.
(3) Cada andar possui 4 apartamentos.
(4) Quantos apartamentos há nesse condomínio?
(2) Em cada torre há 16 andares.
R: Há nesse condomínio 896 apartamento.

---

268 Cada mercearia receberá 191 latas de óleo.

---

269 Cada livro custou R$ 87,00.

---

270 Ricardo comprou, ao todo, 2 380 pirulitos.

---

271 Cada quitanda recebeu 220 pés de alface.

---

272 Sobraram R$ 345,00 do valor que meu pai recebeu.

---

273 Lia encontrou 2 554 livros.

---

274 O chefe de cozinha colocou em cada pote 373 salgadinhos.

---

275 (1)
(4)
(5)
(2)
(3)
R: Ficaram vazios 40 029 lugares. Foram arrecadados nesse dia R$ 745.131,00.

---

276 a) Foi pago ao todo, pelos 6 livros R$ 571,00.
b) Sobrou dinheiro. O valor que sobrou foi de R$ 129,00.
c) A mãe de Lúcia gastaria R$ 1 088,00 se comprasse 8 livros de receitas de doces.

---

277 Ainda devem chegar 2 138 escovas.

278 A- A raquete baixou R$ 164,00.

B- O patins baixou R$ 45,00.

279 O valor de cada prestação é de R$ 748,00.

280 Guilherme tinha antes R$ 125,00.

281 Teco recebeu de troco R$ 7,00.

282 O valor de cada prestação é de R$ 406,00.

283 Ficaram na biblioteca 1 815 livros.

284 O valor total pago pela mesa de jantar foi de R$ 5 400,00.

285 O dono da fábrica levou 234 peças de roupa.

286 O valor total gasto por cada pessoa nessa viagem foi de R$ 1 203,00.

287 A distância entre cada um desses postes de iluminação é de 225 m.

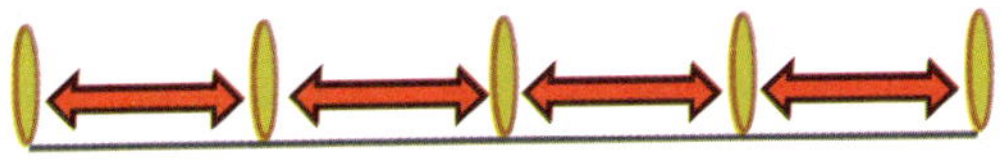

288 O irmão mais velho tem R$ 4 860,00.

O irmão mais novo tem R$ 1 215,00.

289 d) As alternativas II e III estão corretas.

290 Lúcia tem 123 adesivos, Marcela tem 246 adesivos e Mariana tem 369 adesivos.

Elas têm juntas 738 adesivos.

291 A mala menor custa R$ 60,00; a média, R$ 120,00; e a grande, R$ 240,00. O jogo todo custa R$ 420,00.

292 (   ) Oito copos são suficientes para obter dois litros de água.

(×) Dois copos de água não formam meio litro.

(   ) Uma garrafa e dois copos têm juntos 1 200 mL de água.

(×) Duas garrafas e um copo têm juntos 2 200 mL de água.

(×) São necessários 15 copos para obter 3 litros de água.

293 Célia foi visitar às 9h e levou um mordedor, Janete foi visitar às 14h e levou uma bola e Larissa foi visitar às 18h e levou um chocalho.

294 37 meses.

295 50 anos.

296 25 dias.

297 Um trimestre.

298 Sobram R$ 544,00 para Paulo pagar as outras contas da família.

299 Há 1 669 camisas na loja.

300 Foram colocadas, ao todo, na árvore de Natal 78 bolas.

301 O peixe-espada nada 95 quilômetros em uma hora.

302 Ela poderá atender 36 clientes usando todo o vidro de esmalte.

303 Nessa biblioteca, podem se sentar 50 pessoas ao mesmo tempo.

304 Cada pilha terá 106 caixas.

305 a) As modalidades atletismo e basquete receberam juntas 500 inscrições.

b) A modalidade atletismo recebeu 100 inscrições a mais do que a modalidade vôlei.

c) No total foram feitas mais de 700 inscrições.

306 a) Os Craques das Cestas ganharam a 1ª partida por 7 pontos.

b) A Turma da Quadra ganhou a 2ª partida por 12 pontos.

c) Os Craques das Cestas somaram 316 pontos, já a Turma da Quadra somou 343 pontos nas três partidas. A equipe Turma da Quadra venceu o torneio.

307 a)

Ordem Crescente

100 cm	106 cm	118 cm	120 cm	124 cm
129 cm	136 cm	143 cm	148 cm	150 cm

Ordem Decrescente

150 cm	148 cm	143 cm	136 cm	129 cm
124 cm	120 cm	118 cm	106 cm	100 cm

b) Bia, André, Diego, Luísa, Artur e Felipe têm mais de 120 cm de altura.

c) Pedro tem exatamente 1 m de altura.

d) Luísa e Artur têm menos de 150 cm e mais do que 136 cm.

e) Resposta pessoal.

---

308 a) O sacolão recebeu 84 caixas de cenoura.

b) O sacolão recebeu 165 caixas de abobrinha.

c) O sacolão recebeu 249 caixas de legumes.

d) Restaram 90 caixas de abobrinha.

---

309 (×) Em um aquário, César contou 23 peixes vermelhos e 15 peixes brancos. Quantos peixes ele contou?

(×) Carolina já leu 23 páginas de um livro. Se ainda faltam 15 páginas para ela terminar de ler o livro, quantas páginas tem o livro que Carolina está lendo?

---

310 (×) Um ônibus está indo de uma cidade A até uma cidade B. A distância entre as duas cidades é de 56 quilômetros. Se o ônibus já percorreu 25 quilômetros, que distância falta percorrer até a cidade B?

(×) Em uma academia, 56 pessoas fazem ginástica no mesmo horário. Hoje faltaram 25 pessoas desse grupo. Quantas pessoas estão fazendo ginástica hoje?

---

311 (×) Em uma caixa, cabem 15 livros. Quantos livros cabem em 3 caixas como essa?

(×) Gabriel ganhou 15 reais. Henrique ganhou o triplo dessa quantia. Quantos reais Henrique ganhou?

(×) Uma lapiseira custa 15 reais. Quanto Aldry vai gastar se comprar 3 dessas lapiseiras?

---

312 (×) Um pacote de adesivos custa 2 reais. Quantos pacotes Lucas pode comprar com 32 reais?

(×) Em uma partida de basquete, Sérgio marcou 32 pontos. Um companheiro de equipe, Luciano, marcou a metade. Quantos pontos Luciano marcou nessa partida?

313 a) Quantas pessoas trabalham durante a noite?/Durante a noite, trabalham 10 475 pessoas.

b) Quantos alunos ficaram em cada grupo?/Ficaram 21 alunos em cada grupo.

---

314 O quociente é 212.

---

315 Esse número é 516.

---

316 O subtraendo é 3 723.

---

317 O quilo do bacalhau custou R$ 70,00.

---

318 Ainda faltam R$ 1 228,00 para ela comprar o computador.

319 Ainda faltam R$ 5 668,00 para ele conseguir comprar a bicicleta.

320 Augusto economizará R$ 797,00 se comprar a televisão na promoção.

321 Ela bordará 1 250 lantejoulas e 3 750 miçangas, num total de 5 000 unidades.

322 Essa viagem durou 9 horas.

323 Foram usadas 475 placas de grama.

324 a) Rafaela pagará R$ 2 520,00 por essa bicicleta.

b) Faltam R$ 1 344,00 para ela terminar de pagar a bicicleta.

325 Ela gasta por mês R$ 895,00 no supermercado.

326 a) Cada barco custa R$ 160,00.

b) Cada urso custa R$ 60,00.

327 a) Em cada caixa foram colocadas 138 maçãs.

b) O ajudante ganhou 3 maçãs.

328 a) Foram compradas 64 latas.

b) Essa academia gastou na compra de todas as bolas R$ 1 792,00.

329 O preço de cada livro foi de R$ 44,00.

330 Ela usou para fazer cada calça 75 cm de tecido.

331 O total de sacos plásticos nesse armário é de 720.

332 a) Renata ficou com a quantia maior.

b) Renata ficou com R$ 30,00 a mais.

333 A diferença entre o valor à vista e o valor a prazo da televisão é de R$ 470,00.

334 a) Ela gastará na compra desses 3 eletrodomésticos R$ 7 436,00.

b) O valor de cada prestação será de R$ 1 859,00.

335 400 mL

336 (C).

337 (D).

338 (B).

339 (C).

340 A fração que representa a probabilidade de que, em um lançamento, o resultado seja cara é $\frac{1}{2}$.

341 a) A fração que representa a probabilidade de José Francisco ser sorteado é $\frac{1}{27}$.

b) A fração que representa a probabilidade de uma menina ser sorteada é $\frac{15}{27}$.

342 a) Se retirar um bloco sem olhar, tem mais chance de sair o verde.

b) O total de blocos na caixa é de 17 blocos. c) $\frac{8}{17}$.

343 A chance de retirarmos da sacola uma bola na cor vermelha é de $\frac{4}{10}$.

344 A chance de lançarmos o dado e tirarmos o número 2 é de $\frac{1}{6}$.

345 A chance de Simone ganhar o prêmio é de $\frac{8}{60}$.

346 Pedro poderá organizar 1 806 livros.

347 a) Foram comprados, no total, 8 780 copos.

b) A diferença entre a quantidade de copos grandes e pequenos é de 2 180 copos.

348 A diferença entre o pagamento à vista e a prazo é de R$ 160,00.

349 Faltaram 14 unidades de lápis.

350 Havia antes da entrega, 171 potes de iogurte.

351 Um trem pode transportar 1 612 passageiros.

352 Foi arrecadado com a venda dos ingressos R$ 8 386,00.

353 a) No prédio em que Patrícia mora há 18 andares.

b) O prédio deixou de arrecadar com a taxa de condomínio este mês R$ 3 975,00.

c) A arrecadação total seria de R$ 57 240,00.

354 Cada lata de azeite custou R$ 13,00.

355 A fábrica recebeu com essa venda R$ 30 222,00.

356 a) 215 b) 429 c) 195 d) 501

357 a) É maior. b) É menor. c) É menor. d) É maior.

358 a) Ele transportará 230 passageiros.

b) Ele venderá 435 rifas. c) Ele encomendou ao todo 2040 flores.

359 a) 56 b) 63 c) 42 d) 64

- Para pensar em 3×8, devemos pensar no dobro do resultado de $3 \times 4 = 12$. Então, 3×8 será igual a 24.
- Sim, pois é só pensar no quádruplo ($\times 4$) do resultado da tabuada do 2 e pensar no dobro ($\times 2$) na tabuada do 4.

360 a) 2 436 b) 2 142 c) 1 704 d) 654 e) 2 928 f) 3 612 g) 1 020
h) 2 692 i) 3 360 j) 808 k) 1 580 l) 950 m) 2 360 n) 1 240
o) 4 630

361 a) 408 b) 388 c) 1 506 d) 348 e) 1 125 f) 1 818 g) 513
h) 826 i) 448 j) 1 010 k) 2 500 l) 1 248 m) 356 n) 1 092
o) 1 335

362 a) 4 368 b) 3 479 c) 8 435 d) 16 457 e) 9 569 f) 3 248 g) 2 432
h) 16 152 i) 15 808 j) 32 064 k) 1 485 l) 4 842 m) 11 205 n) 27 882
o) 24 966

363 a) 9 672 b) 3 176 c) 35 021 d) 11 187 e) 9 800 f) 25 704 g) 11 385
h) 14 736 i) 6 909 j) 15 414 k) 16 488 l) 32 760 m) 15 302 n) 21 304
o) 21 483

364 a) 288 b) 308 c) 506 d) 527 e) 924 f) 3 553 g) 351
h) 4 368 i) 2 124 j) 1 806 k) 854 l) 3 534 m) 3 996 n) 2 484
o) 3 090

365 a) 3 072 b) 63 749 c) 31 372 d) 35 376 e) 46 265 f) 10 296 g) 33 318
h) 28 942 i) 7 232 j) 4 968 k) 14 625 l) 2 178 m) 17 893 n) 54 839
o) 65 749

366 a) 1 932 b) 91 902 c) 25 534 d) 20 804 e) 15 317 f) 18 724 g) 15 778
h) 77 160 i) 24 037 j) 410 082 k) 21 042 l) 117 312 m) 21 508 n) 22 127
o) 177 392

367 a) 33 b) 13 c) 15 resto 3

368 a) 233 b) 53 c) 74 d) 105 e) 82
f) 121 resto 2 g) 113 resto 4 h) 37

369 a) Q = 31, R = 1 b) Q = 8, R = 2 c) Q = 27, R = 0 d) Q = 9, R = 5 e) Q = 12, R = 4 f) Q = 9, R = 8

370 a) Q = 83, R = 0 b) Q = 297, R = 2 c) Q = 109, R = 1 d) Q = 246, R = 3 e) Q = 71, R = 0 f) Q = 39, R = 5

371 a) Q = 129, R = 1 b) Q = 58, R = 0 c) Q = 41, R = 0 d) Q = 116, R = 0 e) Q = 88, R = 2 f) Q = 91, R = 4

372 a) 808 resto 1 b) 3212 resto 2 c) 291 d) 445

373 a) Q = 9 538, R = 0 b) Q = 1 406, R = 5 c) Q = 729, R = 7 d) Q = 809, R = 4 e) Q = 1 306, R = 4 f) Q = 1 794, R = 4

374 a) Q = 1 186, R = 0 b) Q = 12 279, R = 6 c) Q = 19 013, R = 3 d) Q = 26 178, R = 3 e) Q = 4 024, R = 0 f) Q = 63 297, R = 1

375 a) 1 536 b) 6 221 c) 212 d) 416 e) 1 115 f) 148

376 a) 5 752 b) 8 405 c) 187 d) 289 e) 255 f) 24

377 a) 6 065 b) 2 189 c) 6 579 d) 1 736 e) 10 368 f) 32 e resta 1

378 a) 7 461 b) 4 621 c) 10 545 d) 27 360 e) 18 e restam 3 f) 65

379 a) 6 853 b) 1 236 c) 4 923 d) 16 289 e) 21 432 f) 56

380 a) 13 396 b) 4 711 c) 4 156 d) 20 736 e) 45 e restam 4 f) 156

381 a) 11 876 b) 5 825 c) 20 106 d) 89 e) 105 f) 206

382 a) 12 422 b) 4 854 c) 585 d) 3 888 e) 214 e resta 1 f) 205

383 a) 12 431 b) 1 146 c) 5 775 d) 5 236 e) 187 e restam 2 f) 1 265 e restam 2

384 a) 13 627 b) 6 679 c) 19 388 d) 60 192 e) 804 f) 1 031 e restam 3

385 a) 10 787 b) 3 977 c) 8 120 d) 21 507 e) 632 f) 1 105 e restam 2

386 a) 6 603 b) 5 793 c) 83 412 d) 168 573 e) 950 f) 2 038 e restam 2

387 a) $\frac{2}{8}$ b) $\frac{8}{8}$ ou um inteiro c) $\frac{5}{8}$ d) $\frac{7}{8}$

388 a) $\frac{1}{2}$ b) $\frac{2}{3}$ c) $\frac{4}{6}$ d) $\frac{5}{10}$ e) $\frac{3}{10}$ f) $\frac{2}{4}$

389 a) 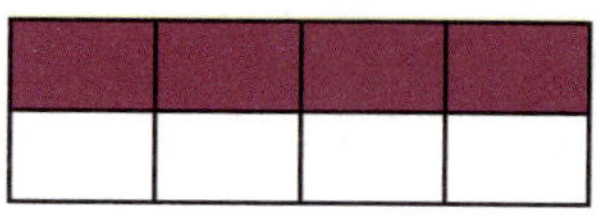 b) 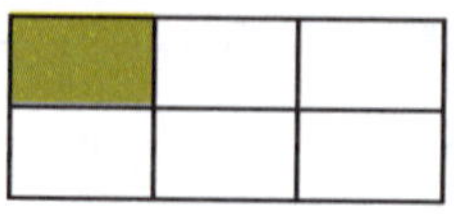 c) 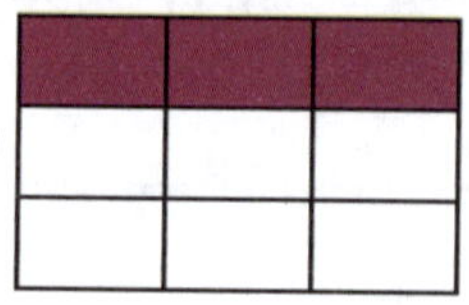

390 a) dois décimos b) um sexto c) três quarto d) um nono
e) dois sétimos f) quatro onze avos g) cinco quinze avos

391 Numerador 3, Denominador 5. Numerador: indica quantas partes da figura foram pintadas denominador: indica em quantas partes iguais o inteiro foi dividido.

392 B

393 a) $\frac{4}{8}$ ou $\frac{1}{2}$ quatro oitavos, ou meio. b) $\frac{1}{6}$ um sexto.

c) $\frac{6}{9}$ ou $\frac{2}{3}$ seis nonos, ou dois terços. d) $\frac{3}{4}$ três quarto.

---

394 a) $\frac{2}{3}$ b) $\frac{3}{6}$ c) $\frac{4}{10}$ d) $\frac{1}{2}$ e) $\frac{6}{8}$ f) $\frac{8}{9}$

---

395 a) $\frac{5}{8}$ cinco oitavos. b) $\frac{7}{10}$ sete décimos. c) $\frac{8}{9}$ oito nonos. d) $\frac{4}{6}$ quatro sextos.

---

396 a) 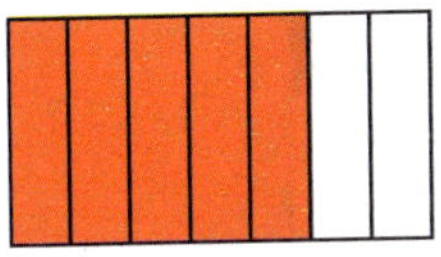 Cinco sétimos. b) 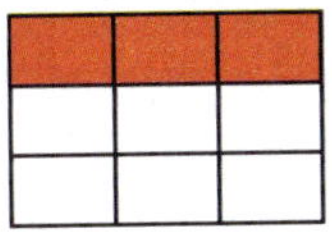 Três nonos. c) 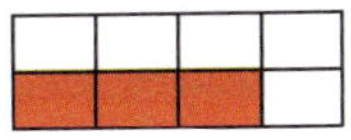 Três oitavos

---

397 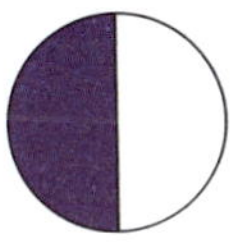 $\frac{1}{2}$ 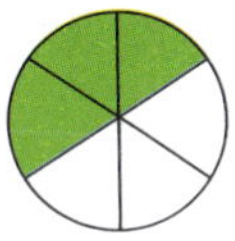 $\frac{3}{6}$ 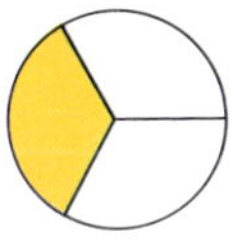 $\frac{1}{3}$ 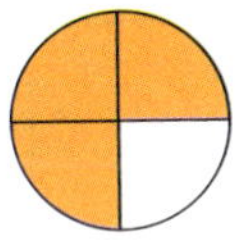 $\frac{3}{4}$

---

398 a) três quintos. b) Três quartos. c) quatro quintos.

d) cinto oitavos. e) quatro oitavos, ou meio. f) dois sextos.

---

399 6 partes; $\frac{4}{6}$; $\frac{2}{6}$

---

400 a) 5 b) 4 c) $\frac{4}{5}$ d) $\frac{1}{5}$

401

Figura	Partes pintadas	Total de partes	Fração	Escrita por extenso
a)	1	2	$\frac{1}{2}$	um meio ou metade
b)	4	8	$\frac{4}{8}$	Quatro oitavos ou meio.
c)	1	4	$\frac{1}{4}$	Um quarto.
d)	2	2	$\frac{2}{2}$	Um ineiro.
e)	1	6	$\frac{1}{6}$	Um sexto.

---

402 a) 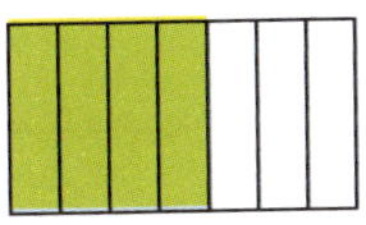 quatro sétimos. b) 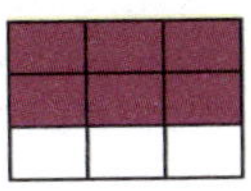 seis nonos. c) 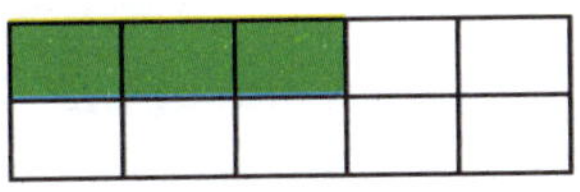 três décimos.

---

403 a) $\frac{3}{7}$ b) $\frac{3}{9}$ c) $\frac{7}{10}$

404 a) $\frac{5}{8}$ cinco oitavos. b) $\frac{3}{5}$ três quinos. c) $\frac{4}{8}$ quatro oitavos. d) $\frac{2}{6}$ dois sextos.

405 B

406 a) $\frac{5}{9}$ b) $\frac{1}{3}$ c)

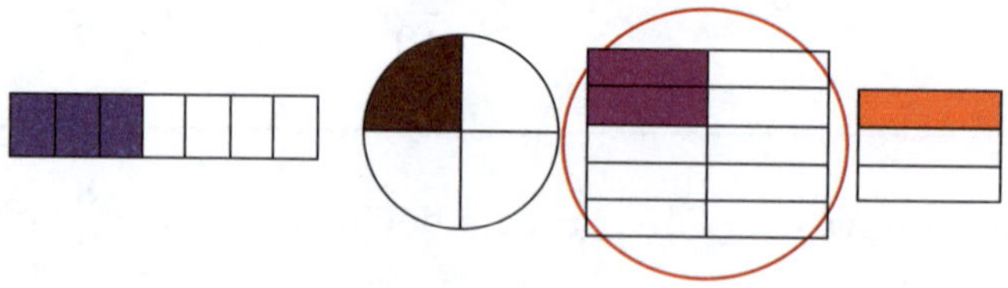

407

Figura	Fração numérica (parte pintada)	Escrita por extenso
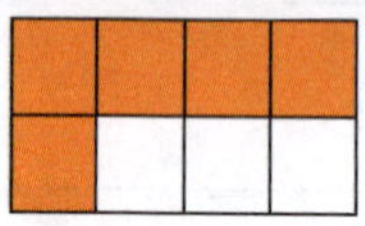	$\frac{5}{8}$	Cinco oitavos.
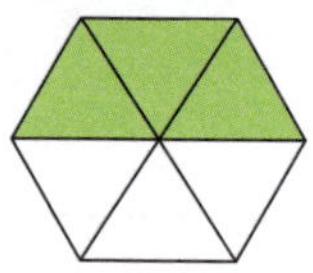	$\frac{1}{2}$	Um meio ou metade.
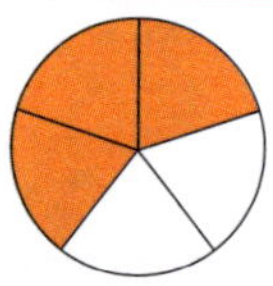	$\frac{3}{5}$	Três quintos.
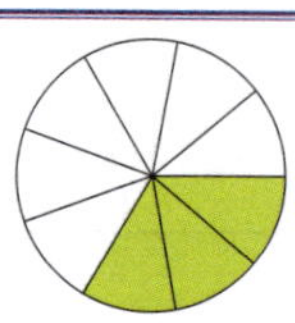	$\frac{3}{9}$	Três nonos.

408 a) Um sexto. b) Um meio. c) Sete oitavos. d) Um quarto. e) Dois terços.

409 a) $\frac{1}{8}$ b) $\frac{1}{2}$ c) $\frac{4}{8}$ d) $\frac{1}{8}$ e) $\frac{2}{3}$ f) $\frac{1}{4}$

410 a) Eles ensaiam 270 minutos por dia. b) Eles ensaiam 30 minutos.

c) Eles ficam se aquecendo por 15 minutos.

411 Os dois acertaram, porque o triângulo representado está nas outras duas figuras. Representa $\frac{1}{4}$ do inteiro.

412

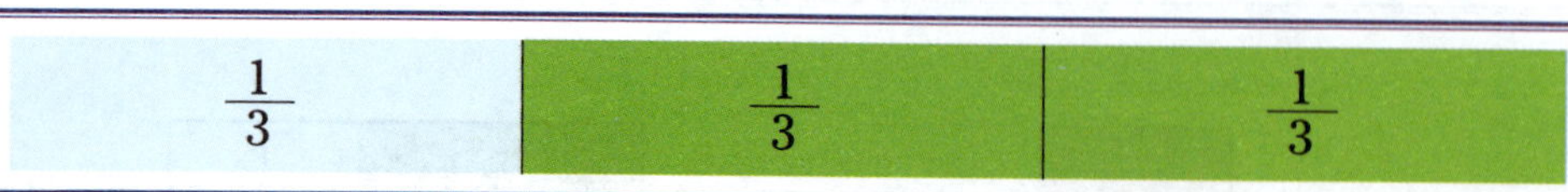

413 A, D

414 A figura **A** foi dividida em quatro partes iguais e uma parte foi pintada.

Na figura **D**, o inteiro foi dividido em quatro partes iguais e uma parte foi pintada.

415 A figura B foi dividida em duas partes DIFERENTES e uma parte foi pintada.
A figura C foi dividida em três partes IGUAIS e uma parte foi pintada.

416 a) Foram colocados 7 vidros; Faltam colocar 7 vidros; Escreva a fração que representa o número de vidros já colocados: $\frac{7}{14}$; Escreva como lemos a fração: sete catorze avos.

b) Foram colocados 15 vidros; Faltam colocar 6 vidros; Escreva a fração que representa o número de vidros que ainda serão colocados: $\frac{6}{21}$; Escreva como lemos a fração: seis vinte e um avos.

c) $\frac{9}{18}$

417 $\frac{2}{6}$ dois sextos; $\frac{3}{4}$ três quartos

418 Não, porque o inteiro não foi dividido em quatro partes iguais e uma parte não foi pintada.

419 a) 2; $\frac{1}{2}$ b) 4; $\frac{2}{4}$ c) 8; $\frac{4}{8}$

420 a) $\frac{3}{3}$ b) $\frac{2}{3}$ c) $\frac{1}{3}$

421 $\frac{4}{6}$; $\frac{1}{2}$; $\frac{5}{8}$; $\frac{3}{7}$

422

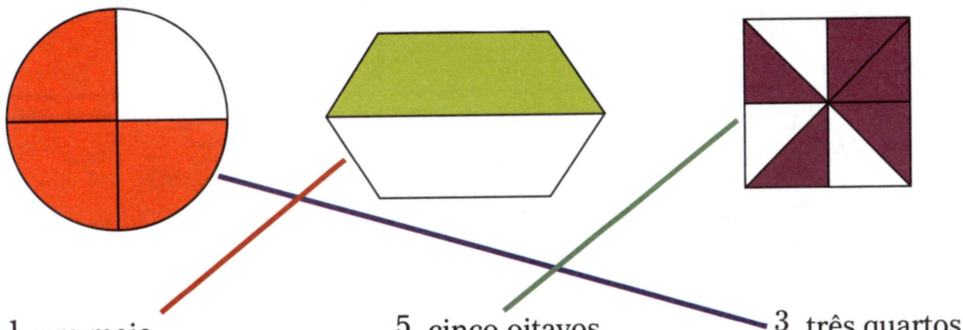

$\frac{1}{2}$ um meio $\frac{5}{8}$ cinco oitavos $\frac{3}{4}$ três quartos

423 a) cinco oitavos b) três nonos c) dois quartos

424 a) $\frac{3}{8}$ b) $\frac{2}{8}$ c) $\frac{2}{8}$ d) $\frac{1}{8}$

425 a) Foi dividida em 8 partes. b) A fração $\frac{2}{8}$. c) A fração $\frac{6}{8}$.

426 A fração $\frac{2}{8}$.

427 Você deixou de fazer $\frac{2}{5}$ dos exercícios.

428 A fração $\frac{1}{4}$ representa os alunos que ficaram com a região Centro - Oeste.

429 A fração $\frac{2}{6}$ corresponde aos professores do sexo masculino.

430 A fração $\frac{5}{12}$.

431 A fração $\frac{8}{9}$.

432 A fração $\frac{3}{4}$.

433 a) $\frac{7}{9}$ b) $\frac{5}{10}$ c) $\frac{1}{4}$ d) $\frac{6}{12}$ e) $\frac{1}{6}$ f) $\frac{2}{2}$ g) $\frac{10}{15}$ h) $\frac{2}{3}$ i) $\frac{4}{7}$

434 a) sete nonos b) cinco décimos c) um quarto d) seis doze avos
e) um sextos f) um inteiro/ dois meios g) dez quinze avos h) dois terços
i) quatro sétimos.

435

436

437

7h	7h45min	8h30min	9h15min

7:00	7:45	8:30	9:15

9h45min	10h30min	11h15 min	12h

9:45	10:30	11:15	12:00

438 a)  

b) Os grupos jogaram 1hora e 30 minutos.

---

439 As 10h40min.

---

440 c) 15: 25

---

441 

---

442 b) 02: 54

---

443 c) Atrasada mais de uma hora para a reunião;

---

444 Luca

---

445 120 minutos ou 2 horas.

---

446 a) Ele costuma terminar a sua corrida às 7h 15min.

b) Chegamos ao nosso destino às 22h25min.

---

447 Verificar a resposta com a professora.

---

448 a) 60 min b) 2h c) 180 min d) 240 min e) 5h f) 360 min g) 420 min

---

449 b) 2h15min;

---

450 a) 50 mL b) 250 mL c) 2 copos d) 1 copo

e) Eu teria que encher a jarra duas vezes até a medida de 250 mL f) 4 jarras

451 a) Exatamente 5 copos

452 10 copos

453 8 copos.

454 20 copos.

455 10 potes.

456 (X) 2 m **Uma janela** (X) 5 cm **Um apontador** (X) 12 cm **Estes óculos**

(X) 80 cm **Uma cadeira**

457 (X) 500 g **Um caderno** (X) 15 kg **Um cachorro** (X) 300 g **Uma boneca de pano**

(X) 3kg **Uma melancia**

458 a) 3 semanas. c) 5 semans e 2 dias. c) Foram possíveis de encher 35 copos descartáveis.

459 a) 1 000 b) 1 500 c) 5 000 d)10 000 e) 500

460 200g; 40g; 150g; 250; 850; 950g

461 a) 14 litros b) 28 semanas e 4 dias c) 45 litros de gasolina. d) 8 500 gramas.

462 a) metro b) centímetro c) metro d) quilômetro e) milímetro f) metro

463 Ele conseguirá juntar, aproximadamente, R$ 120,00.

464 Ele percorre por dia 16 quilômetros.

465

Medida de comprimento – animal a que se refere	Medida de massa - animal a que se refere	Medida de tempo - animal a que se refere
2,5 a 3m – tamanho do jacaré	135 kg – massa da onça macho.	93 a 105 dias com dois filhotes - onça
1,90 metro de comprimento - onça		
80 centímetros de altura- onça		
Pode ocupar áreas de 22 km^2 a mais de 150 km^2- onça		

466 Dois jacarés medem aproximadamente 5 metros.

467 1m e 90cm

468 c) é menor do que 1 metro.

469 É menos, porque um cento é igual a 100 unidades.

470 a) Uma onça-pintada pode pesar aproximadamente 130 Kg. Qual das duas balanças é a mais indicada para medir o peso desse animal? A balança A Por quê? Porque a balança B só permite pesar até 30 Kg.

b) É possível usar a mesma balança para medir o peso de um casal de onças adultas? Sim. Por quê? Porque duas onças teriam o peso de aproximadamente 260 quilos e a balança permite pesar até 3000Kg.

471 Verificar a resposta com a professora.

472 Verificar a resposta com a professora.

473 Verificar a resposta com a professora.

474

Medida de comprimento	Medida de massa	Medida de tempo
mede até 2 metros de comprimento	peso varia entre 150 a 250 kg	335 à 439 dias
altura 77-108 cm		18 meses a 2 anos
cauda é 8 cm		

475 a) O peso de duas Antas e de aproximadamente 400 quilogramas b) 200 cm

476 maior do que 10 cm e menor do que 20 cm.

477

Século	Início	Término
I	1	100
II	101	200
III	201	300
IV	301	400
V	401	500
VI	501	600
VII	601	700
VIII	701	800
IX	801	900
X	901	1000
XI	1001	1100
XII	1101	1200
XIII	1201	1300
XIV	1301	1400
XV	1401	1500
XVI	1501	1600
XVII	1601	1700
XVIII	1701	1800
XIX	1801	1900
XX	1901	2000
XXI	2001	2100

478

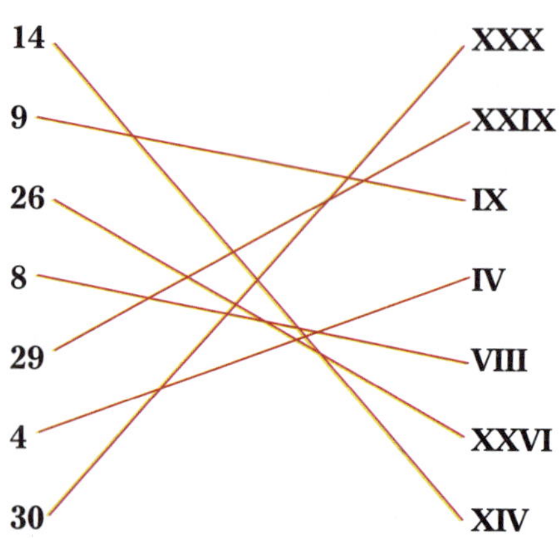

479 a) XIX b) XXIII c) XXX
d) XXV e) VIII f) XXI

480 a) XVIII b) XIX c) XX

481

a)

I	III	V	VII	IX
XI	XIII	XV	XVII	

b)

II	IV	VI	VIII	X
XII	XIV	XVI	XVIII	

c)

III	VI	IX	XII	XV
XVIII	XXI	XXIV	XXVII	

482

a) VII 7 b) XIV 14 c) IX 9
d) XIX 19 e) XIII 13 f) IV 4
g) III 3 h) XXVIII 28 i) XXIX 29
j) XXIV 24 k) XXI 21 l) XVI 16

483 Século XXI; Beato João XXIII; João Paulo II; Capítulo XXIX; Século XIV

484

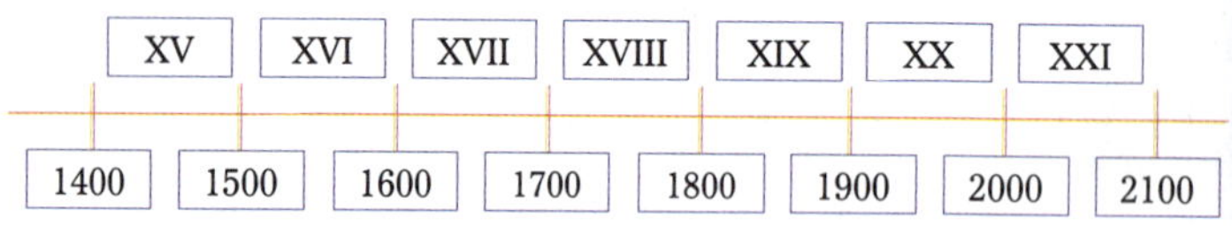

485 a) CL a.C. b) CL d. C.